Rudyard Kipling:
In Schwarz und Weiß
Erzählungen

Deutsch von Rudolf von Scholtz

W0389858

Deutscher
Taschenbuch
Verlag

dtv

Von Rudyard Kipling
sind im Deutschen Taschenbuch Verlag erschienen:
Das Dschungelbuch (1200)
Das neue Dschungelbuch (1475)
Kim (1672)
Das kommt davon (7437)
Das Dschungelbuch (7925)

Ungekürzte Ausgabe
Februar 1984
Deutscher Taschenbuch Verlag GmbH & Co. KG, München
Lizenzausgabe mit freundlicher Genehmigung des Paul List Verlags GmbH & Co. KG, München
Umschlaggestaltung: Celestino Piatti
Gesamtherstellung: C. H. Beck'sche Buchdruckerei, Nördlingen
Printed in Germany · ISBN 3-423-02559-X

Inhalt

Das Gericht Dungaras

Noch heute erzählt man die Geschichte in den Wäldern der Berbulda-Berge und zeigt zum Beweis das Missionshaus ohne Dach und Fenster. Der große Gott Dungara, der Gott der Dinge, wie sie sind, der Schreckliche, Einäugige, mit dem roten Elefantenzahn, hat das alles getan; und wer sich weigert, an Dungara zu glauben, wird gewiß vom Wahnsinn Yats befallen – dem Wahnsinn, der die Söhne und Töchter der Buria Kol befiel, als sie sich von Dungara abwandten und Kleider anlegten. So sagt Athon Dazé, der Oberpriester des Tempels und Hüter des roten Elefantenzahns. Aber wenn man den Bezirkskommissar des Gebietes der Buria Kol fragt, dann wird er lachen – nicht aus Bosheit gegen die Mission, sondern weil er selbst dabei war, wie die Rache Dungaras an den geistlichen Kindern des würdigen Justus Krenk, Pastors der Tübinger Mission, und an Lotte, seinem tugendhaften Weibe, vollzogen wurde.

Und doch – wenn je ein Mensch von den Göttern gute Behandlung verdiente, so war es der Pastor Justus Krenk, ein alter Heidelberger, der vom Glauben an seine Berufung erfüllt in die Wildnis ging und die blonde, blauäugige Lotte mitnahm. »Wir wollen diese Heiden, die in der Finsternis des

Götzendienstes wandeln, zu guten Menschen machen«, sagte Justus in den ersten Tagen seiner Laufbahn. »Ja«, fügte er mit Überzeugung hinzu, »sie sollen gut werden und sollen lernen, mit ihren Händen zu arbeiten. Denn alle guten Christen müssen arbeiten.« Und mit einem Gehalt, bescheidener als das eines englischen Kantors, siedelte sich Justus Krenk an, jenseits von Kamala und der Enge von Malair, jenseits des Flusses Berbulda, dicht am Fuße des blauen Berges Panth, auf dessen Gipfel der Tempel Dungaras steht, im Herzen des Landes der Buria Kol – der nackten, gutmütigen, scheuen, schamlosen, faulen Buria Kol.

Weißt du, was es heißt, auf einem Vorposten der Mission zu leben? Versuche dir eine Einsamkeit vorzustellen, schlimmer als auf der kleinsten Station, auf die die Regierung dich jetzt geschickt hat – eine Öde, die auf den wachen Augenlidern lastet und dich gewaltsam kopfüber in die tägliche Arbeit treibt. Da ist keine Post, kein Mensch deiner Farbe, mit dem du sprechen kannst, keine Straßen; Nahrung ist da, um das Leben zu fristen, aber es ist kein Vergnügen, sie zu essen; und alles, was gut oder schön oder interessant in deinem Leben ist, das muß aus dir kommen und aus der Gnade, die dir eingepflanzt sein mag.

Am Morgen kommen mit dem Getrappel weicher Füße die Bekehrten, die Zweifelnden und die offenen Spötter auf die Veranda herauf. Du mußt unendlich gütig und geduldig sein und vor allem scharfsichtig, denn du hast es mit der Einfalt des Kindes, mit der Erfahrung des Mannes und mit der Schlauheit des Wilden zu tun. Deine Gemeinde hat hundert materielle Wünsche, die beachtet sein wollen; und es ist deine Sache, wenn du an deine persönliche Verantwortung vor deinem Schöpfer glaubst, aus der geräuschvollen Menge jedes Körnchen Geistigkeit herauszupicken, das in ihr sein mag. Fügst du zur Heilung der Seele noch die Heilung des Leibes, so wird deine Aufgabe um so schwieriger, denn der Kranke und Lahme wird dir jeden Glauben bekennen um der Heilung willen und wird dich auslachen, daß du so einfältig bist, ihm zu vertrauen.

Wenn der Tag heraufkommt und der Anlauf des Morgens sich verzieht, wird ein überwältigendes Gefühl von der Sinnlosigkeit deiner Mühe über dich kommen. Dagegen mußt du ankämpfen und der einzige Sporn in deiner Seite wird der Glaube sein, daß du mit dem Teufel um die lebendige Seele spielst. Das ist ein großer, beglückender Glaube; aber wer ihn vierundzwanzig Stunden nacheinander unerschüttert bewahren kann, der muß mit einer reichen, starken Natur und ebensolchen Nerven gesegnet sein.

Frag die grauen Köpfe der Bannockburn Medical Crusade, was für ein Leben ihre Prediger führen; sprich mit der Racine Gospel Agency, diesen hageren Amerikanern, deren Stolz es ist, dahin zu gehen, wohin die Engländer nicht mitzugehen wagen; bring einen Pastor der Tübinger Mission dazu, von seinen Erlebnissen zu sprechen – wenn du kannst. Du wirst an die gedruckten Berichte verwiesen werden, aber in jenen werden die Menschen nicht erwähnt, die in der Wildnis ihre Jugend und Gesundheit verloren haben, alles verloren haben, was ein Mensch verlieren kann, außer dem Glauben; auch nicht die englischen Mädchen, die hinausgegangen und in den fieberdurchseuchten Dschungeln der Panth-Berge gestorben sind, hinausgegangen sind von vornherein mit dem Bewußtsein, daß der Tod beinahe gewiß ist. Wenige Pastoren werden dir von diesen Dingen etwas sagen, so wie sie auch nichts sagen werden von jenem jungen David von St. Bees, der allein ausgeschickt wurde zum Werk des Herrn und in der Einsamkeit zusammenbrach und halbverstört zum Missionshaus zurückkam und schrie: »Es gibt keinen Gott, aber mit dem Teufel bin ich gewandert.«

Davon schweigen die Berichte, denn Heldentum, Mißerfolge, Verzagen, Verzweiflung und Selbstverleugnung eines gebildeten weißen Mannes wiegen nichts gegen die Erlösung einer halbmenschlichen Seele aus dem phantastischen Glauben an Waldgötter, Felsenkobolde und Flußgeister.

Und Gallio, der Bezirkskommissar des Gebietes, »kümmerte sich nicht um das Zeug«. Er war seit langem im Distrikt, und die Buria Kol liebten ihn und brachten ihm erlegte Fische zum Geschenk und Orchideen aus dem dunklen feuchten Herzen der Wälder und so viel Wild, wie er essen konnte. Dagegen gab er ihnen Chinin und versah mit Athon Dazé, dem Oberpriester, gemeinsam ihre einfachen Staatsgeschäfte.

»Wenn Sie erst ein paar Jahre im Lande sind«, sagte Gallio zu Tische bei Krenks, »dann werden Sie finden, daß ein Glaube so gut ist wie der andere. Ich will Ihnen natürlich jeden Beistand leisten, der in meiner Macht ist; aber kränken Sie meine Buria Kol nicht. Sie sind ein nettes Volk und haben Vertrauen zu mir.«

»Ich will sie das Wort Gottes lehren«, sagte Justus, und sein rundes Gesicht leuchtete vor Begeisterung, »und ich will gewiß ihren Vorurteilen nicht hastig und gedankenlos weh tun. Aber diese gleichgültige Anschauung in Glaubenssachen ist vom Übel.«

»Glückauf!« sagte Gallio. »Ich habe es mit dem Distrikt und ihren Leibern zu tun, Sie können ja sehn, was Sie für die Seelen ausrichten. Machen Sie es nur nicht so wie Ihr Vorgänger, sonst kann ich für Ihr Leben kaum garantieren.«

»Nämlich?« sagte Lotte herzhaft, indem sie ihm eine Tasse Tee reichte.

»Er ging hinauf zum Tempel Dungaras – allerdings war er hierzulande noch ganz fremd – und fing an, dem alten Dungara mit seinem Regenschirm übern Kopf zu hauen; die Buria Kol kamen heraus und verprügelten ihn erbärmlich. Ich war in der Gegend, und er schickte einen Eilboten zu mir mit einem Zettel: »Verfolgt im Dienste des Herrn; sendet Truppen.« Das nächste Militär lag ungefähr zweihundert Meilen entfernt, aber ich erriet, was er gemacht hatte. So ritt ich also nach Panth und redete Athon Dazé zu wie ein Vater und sagte ihm, ein Mann von seiner Weisheit hätte wissen müssen, daß der Sahib einen Sonnenstich bekommen habe und verrückt geworden sei. Sie haben sicher nie in Ihrem Leben so niedergeschlagene Menschen gesehen. Athon Dazé entschuldigte sich, schickte Holz und Milch und Geflügel und alles mögliche; und ich stiftete dem Tempel fünf Rupien und sagte Macnamara, daß er sehr unvernünftig gewesen sei. Er sagte, ich habe einen Kniefall getan im Hause Rimmons; aber wenn er nur über den Berg gestiegen wäre und Palin Deo, den Götzen der Suria Kol, beleidigt hätte, dann wäre er längst auf einem angekohlten Bambusrohr aufgespießt gewesen, bevor ich irgend etwas hätte tun können, und ich hätte dann ein paar von den armen Kerls hängen lassen müssen. Seien Sie freundlich mit ihnen, Pastor – aber ich glaube, Sie werden nicht viel erreichen.«

»Ich nicht«, sagte Justus, »aber mein Herr. Wir

wollen mit den kleinen Kindern beginnen. Viele von ihnen sind gewiß krank, nicht wahr? Nach den Kindern kommen die Mütter; und dann die Männer. Aber es wäre mir doch viel lieber, wenn Sie auch innerlich zu uns stehen würden.«

Gallio ritt davon, um sein Leben beim Ausbessern der morschen Bambusbrücken seiner Untertanen zu riskieren, einen zu aufdringlichen Tiger hier oder da zu schießen, in den verpesteten Dschungeln zu übernachten oder die Banden der Suria Kol zu jagen, die ihren Brüdern vom Stamme Buria ein paar Stück Vieh abgenommen hatten. Er war ein gelenkiger, X-beiniger junger Mann, mit einer natürlichen Abneigung gegen Glauben oder Ehrfurcht und einem Verlangen nach absoluter Macht, das er in seinem unbeliebten Distrikt auch befriedigen konnte.

»Keiner wünscht sich meinen Posten«, pflegte er zu sagen, »und mein Vorgesetzter steckt nur seine Nase herein, wenn er absolut sicher ist, daß kein Fieber da ist. Ich bin Alleinherrscher in meinem Gebiet, und Athon Dazé ist mein Vizekönig.« Da Gallio stolz war auf seine Verachtung des Menschenlebens – obgleich er diese Theorie niemals auf einen anderen als sich selbst anwandte –, ritt er einmal die vierzig Meilen zum Missionshaus mit einem winzigen braunen Mädchen auf dem Sattelknopf.

»Hier ist etwas für Sie, Pastor«, sagte er. »Die

Buria Kol setzen ihre überschüssigen Kinder aus. Ich sehe auch nicht ein, warum sie es nicht tun sollten; aber dies hier können Sie ja aufziehn. Ich habe es jenseits der Berbulda-Gabelung aufgelesen. Ich vermute, daß die Mutter mir seitdem den ganzen Tag im Walde gefolgt ist.«

»Es ist das erste in der Herde«, sagte Justus, und Lotte hob das kleine schreiende Wurm an ihre Brust und fing an, es eifrig zu besänftigen. Wie ein Wolf, der im Felde lauert, stand inzwischen Matui, die es geboren und nach den Gesetzen ihres Stammes ausgesetzt hatte, müde und mit wunden Füßen im Bambusdickicht und beobachtete das Haus mit hungrigen Mutteraugen. Was wollte der allmächtige Bezirkskommissar tun? Würde der kleine Mann im schwarzen Rock ihre Tochter lebend essen, was, wie Athon Dazé sagte, die Gewohnheit aller Männer in schwarzen Röcken war?

Matui wartete zwischen dem Bambus die ganze lange Nacht; und am Morgen kam eine schöne weiße Frau heraus, derengleichen Matui nie gesehen hatte, und in ihren Armen war Matuis Tochter in schneeweißen Hüllen. Lotte verstand wenig von der Sprache der Buria Kol, aber wenn eine Mutter die andere ruft, dann ist die Rede leicht zu verstehen. An den Händen, die sich zaghaft nach dem Saum ihres Kleides reckten, und an den sehnsüchtigen Augen verstand Lotte, mit wem sie es zu tun hatte. So nahm Matui ihr Kind wieder und – wurde

Dienerin, ja Sklavin dieser wunderbaren weißen Frau, denn ihr eigener Stamm hätte sie nicht mehr anerkannt. Und Lotte weinte herzlich mit ihr, nach deutscher Art, zu der sehr viel Nasenschneuzen gehört.

»Erst das Kind, dann die Mutter und zuletzt der Mann, und alle zur Ehre Gottes«, sagte Justus, der Hoffnungsvolle. Und der Mann kam, mit Bogen und Pfeilen, sehr wütend, denn er hatte niemanden, der ihm sein Essen kochte.

Aber die Geschichte des Missionshauses ist lang, und ich habe nicht Raum genug, um zu erzählen, wie Justus seinen waghalsigen Vorgänger vergaß und Matuis Gatten Moto für seine Brutalität heftig verprügelte, wie Moto bestürzt war, als die Furcht vor dem sofortigen Tode nachgelassen hatte, Mut faßte und Justus' gläubiger Verbündeter und erster Bekehrter wurde; wie die kleine Gemeinde wuchs zum größten Mißfallen Athon Dazés; wie der Priester des Gottes der Dinge, wie sie sind, einen spitzfindigen Disput hatte mit dem Priester des Gottes der Dinge, wie sie sein sollen, und geschlagen wurde; wie die Spenden für den Tempel Dungaras an Geflügel, Fisch und Honigwaben fortfielen; wie Lotte den Fluch Evas unter den Weibern erleichterte und Justus sein möglichstes tat, den Fluch Adams bei den Männern einzuführen; wie die Buria Kol sich deswegen empörten und sagten, ihr Gott sei ein müßiger Gott, und wie Justus teilweise ihre Skrupel gegen die Arbeit überwand und sie lehrte, daß die schwarze Erde reich sei auch an anderen Früchten als an Schweinsnüssen.

Alles das bildet die Geschichte vieler Monate, und während aller dieser Monate sann der weißhaarige Athon Dazé auf Rache dafür, daß der Stamm Dungara mißachtete. Mit der Schläue des Wilden heuchelte er Freundschaft gegen Justus, spielte sogar auf seine eigene Bekehrung an; aber zur Gemeinde Dungaras sagte er finster: »Die von des Pastors Herde haben Kleider angetan und verehren einen fleißigen Gott. Darum wird Dungara sie mit Schmerzen schlagen, bis sie sich heulend in die Wasser des Berbulda stürzen werden.« Nachts tönte und klagte der rote Elefantenzahn durch die Berge, und der Gläubige erwachte und sprach: »Der Gott der Dinge, wie sie sind, nimmt Rache an den Abtrünnigen. Sei gnädig, Dungara, uns, deinen Kindern, und gib uns ihre Ernten.«

Spät in der kalten Jahreszeit kamen der Bezirksdirektor und seine Frau in das Gebiet der Buria Kol. »Gehen Sie doch und sehen Sie sich Krenks Missionshaus an«, sagte Gallio. »Er tut Gutes in seiner Weise und ich denke, es wird ihm Spaß machen, wenn Sie die Bambuskapelle einweihen, die er aufgestellt hat. Jedenfalls werden Sie einen zivilisierten Buria Kol sehen.«

Das Missionshaus geriet in große Bewegung. »Jetzt werden er und die gnädige Frau mit eigenen

Augen sehen, daß wir Gutes getan haben, und – ja – wir wollen ihm unsere Bekehrten alle in ihren neuen, eigenhändig gearbeiteten Kleidern vorführen. Es wird ein großer Tag sein – alles zur Ehre des Herrn«, sagte Justus; und Lotte sagte: »Amen.«

Justus war in seiner stillen Art eifersüchtig gewesen auf die Baseler Missionsweberei, da seine Bekehrten ungeschickt mit den Händen waren; aber Athon Dazé hatte schließlich einige von ihnen dazu gebracht, die seidigen Fasern einer Pflanze zu hecheln, die reichlich auf den Panth-Bergen wuchs. Sie ergab einen Stoff, weiß und glatt, fast wie das *Tappa* der Südsee, und an diesem Tage sollten die Bekehrten zum erstenmal die Kleider tragen, die daraus gemacht waren.

»Sie sollen mit weißen Kleidern angetan dem Herrn Direktor und seiner Gemahlin von oben entgegenkommen und singen: ›Nun danket alle Gott.‹ Dann wird er die Kapelle einweihen und – ja – selbst Gallio wird zu glauben anfangen. Steht so, meine Kinder, zwei und zwei, und – Lotte, warum kratzen sie sich so? Es schickt sich nicht, sich so zu winden, Nala, mein Kind. Der Herr Direktor wird gleich hier sein und wird traurig werden.«

Der Direktor, seine Frau und Gallio stiegen den Hügel zum Missionshaus hinauf. Die Bekehrten waren in zwei Reihen aufgestellt, eine stattliche Truppe, fast vierzig Mann hoch. »Hah!« sagte der

Direktor, dem seine Eitelkeit die Überzeugung gab, daß er die Station von vornherein gefördert habe. »Es geht vorwärts, wie ich sehe, in mächtigen Sprüngen und Sätzen.«

Nie wurde ein wahreres Wort gesprochen. Die Gemeinde kam in der Tat vorwärts, genau wie er gesagt hatte – erst mit kleinen watschelnden Hopsern verschämten Unbehagens, bald aber mit den Sprüngen gebissener Pferde und den Sätzen wahnsinnig gewordener Känguruhs. Vom Berge Panth ließ der rote Elefantenzahn ein heiseres gequältes Geheul hören. Die Reihen der Bekehrten wankten, rissen und stoben mit Jaulen und Schmerzensschreien davon, während Justus und Lotte schreckgelähmt dastanden.

»Das ist Dungaras Gericht!« rief eine Stimme. »Ich brenne! ich brenne! In den Fluß oder wir sterben!«

Die Menge schwenkte und schoß nach den Felsen, die über dem Berbulda hingen, zerrte, trampelte, knaulte und schmiß ihre Kleider im Rennen ab, verfolgt vom Dröhnen der Trompete Dungaras. Justus und Lotte flohen in Tränen zum Direktor.

»Ich kann es nicht begreifen! Gestern«, keuchte Justus, »hatten sie die zehn Gebote – Was ist das? Lobet Gott, alle guten Geister zu Lande und zu Wasser! Nala! O Schande!«

Mit einem Satz und Kreischen erschien auf den

Felsen über ihren Köpfen Nala, einst der Stolz des Missionshauses, ein Mädchen von vierzehn Lenzen, gut, gelehrig und tugendsam – jetzt nackt wie die Morgenröte und spuckend wie eine Wildkatze.

»Dafür also!« wütete sie, ihren Rock gegen Justus schleudernd; »dafür also habe ich mein Volk und Dungara verlassen, für das Feuer eures bösen Ortes? Blinder Affe, kleiner Erdwurm, dürrer Fisch, der du bist, du sagtest, ich würde niemals brennen! O Dungara, ich brenne jetzt! Ich brenne jetzt! Habe Gnade, Gott der Dinge, wie sie sind!«

Sie drehte sich und warf sich in den Berbulda, und die Trompete Dungaras brüllte jubelnd. Die letzte von den Bekehrten der Tübinger Mission hatte eine Viertelmeile reißenden Wassers zwischen sich und ihren Lehrer gebracht.

»Gestern«, schluckte Justus, »lehrte sie in der Schule A-B-C-D – Oh! Es ist das Werk des Satans!«

Gallio aber betrachtete neugierig den Rock des Mädchens, der ihm zu Füßen gefallen war. Er befühlte das Gewebe, zog seinen Hemdärmel vom tiefen Braun seines Handgelenks herauf und preßte eine Falte des Stoffes gegen das Fleisch. Ein Flecken von bösem Rot sprang auf der weißen Haut auf. »Aha!« sagte Gallio ruhig. »Das dachte ich mir.«

»Was ist es?« sagte Justus.

»Ich würde es das Nessusgewand nennen, aber – wo haben Sie die Fasern zu diesem Stoff her?«

»Von Athon Dazé«, sagte Justus. »Er zeigte den Jungens, wie es zu behandeln sei.«

»Der alte Fuchs! Wissen Sie, daß er Ihnen die Nilgiri-Nessel – den Skorpion – *Girardenia heterophylla* – zum Bearbeiten gegeben hat? Kein Wunder, daß sie sich krümmten! Es beißt ja schon, wenn sie Brückenseile draus machen, wenn es nicht sechs Wochen eingeweicht ist. Das schlaue Biest! Eine halbe Stunde brauchte es wohl, um durch ihre dicken Felle zu brennen, dann aber –!« Gallio brach in Lachen aus, aber Lotte weinte in den Armen der Direktorsgattin, und Justus hatte sein Gesicht mit den Händen bedeckt. *»Girardenia heterophylla!«* wiederholte Gallio. »Krenk, warum haben Sie mir nichts gesagt? Ich hätte Ihnen das erspart. Gewobenes Feuer! Jeder außer einem nackten Kol hätte das gewußt, und wenn ich ihre Art richtig kenne, werden Sie sie nie wieder zurückbekommen.«

Er blickte über den Fluß, wo die Bekehrten sich noch immer an seichten Stellen klagend wälzten, und das Lachen erlosch in seinen Augen, denn er sah, daß die Tübinger Mission bei den Buria Kol tot war.

Nie wieder, obwohl sie drei Monate trauernd um die verlassene Schule streiften, konnten Lotte und Justus auch die Vielversprechendsten ihrer

Herde zurücklocken. Nein! Das Ende der Bekehrung war das Feuer des bösen Ortes – Feuer, das durch die Glieder floß und in den Knochen nagte. Wer wagt es noch einmal, Dungaras Zorn zu versuchen? Der kleine Mann und sein Weib mögen woanders hingehen. Die Buria Kol wollen sie nicht haben. Eine vertrauliche Nachricht an Athon Dazé, daß, wenn ein Haar auf ihrem Kopf gekrümmt würde, Athon Dazé und die Priester Dungaras von Gallio am Tempelschrein aufgehängt werden würden, schützte Justus und Lotte vor den kurzen vergifteten Pfeilen der Buria Kol, aber weder Fische noch Honigwaben, Salz oder junge Schweine wurden mehr an ihre Tür gebracht. Und – wehe! der Mensch kann nicht von der Gnade allein leben, wenn er Fleisch braucht.

»Laß uns gehen, mein Weib«, sagte Justus; »hier ist nicht gut sein, und der Herr hat es gewollt, daß ein anderer Mann das Werk aufnimmt – zu guter Zeit – zu seiner guten Zeit. Wir wollen fortgehen, und ich will – ja – etwas Botanik studieren.«

Wenn jemand Lust hat, die Buria Kol von neuem zu bekehren, so liegt da wenigstens schon das Skelett eines Missionshauses unter dem Berge Panth. Aber die Kapelle und die Schule sind längst wieder in die Dschungel zurückgesunken.

Auf der Stadtmauer

> Dann ließ sie sie an einem Seil durch das Fenster hinab; denn sie wohnte auf der Stadtmauer und ihr Haus stand auf der Mauer. –
>
> *Josua II 15*

Lalun gehört dem alleräItesten Beruf an, den es auf der Welt gibt. Lilith war ihre Ururgroßmama, und die lebte bekanntlich vor der Zeit Evas. Im Westen spricht man sehr streng gegen Laluns Beruf und schreibt Broschüren darüber und verteilt diese Broschüren zur Hebung der Sittlichkeit an die Jugend. Im Orient, wo dieser Beruf sich von der Mutter auf die Tochter vererbt, schreibt niemand Broschüren oder kümmert sich überhaupt drum; und das ist ein klarer Beweis, daß der Orient unfähig ist, sich selbst zu verwalten. Laluns eigentlicher Gatte – denn selbst Damen von Laluns Stande müssen im Orient Gatten haben – war ein großer Jujubebaum. Ihre Mama, die einen Feigenbaum geheiratet hatte, wandte zehntausend Rupien auf Laluns Hochzeit, siebenundvierzig Priester von Mamas Kirche segneten sie ein und fünftausend Rupien verteilte sie zu wohltätigem Zweck an die Armen. Das war so Landessitte. Der Vorteil, einen Jujubebaum zum Gatten zu haben, ist ja klar. Man verletzt seine Gefühle nicht, und er sieht imponierend aus.

Laluns Gatte stand auf der Ebene außerhalb der Stadtmauer, und Laluns Haus stand auf der östlichen Mauer und blickte auf den Fluß. Wenn man von dem breiten Fenstersitz abstürzte, fiel man dreißig Fuß tief in den Stadtgraben. Aber wenn man blieb, wo man hingehörte und hinausschaute, sah man das ganze Vieh der Stadt zum Wasser hinunterziehen, sah die Studenten des Regierungscollege Kricket spielen, sah das hohe Gras und die Bäume, die das Flußufer säumten, die großen Sandbänke wie Rippen im Flusse, die roten Grabmäler der toten Kaiser jenseits des Flusses und ganz weit durch den blauen Dunst der Hitze einen Schimmer vom Schnee des Himalaja.

Wali Dad lag bisweilen stundenlang im Fenstersitz und betrachtete die Aussicht. Er war ein junger Mohammedaner, der unter einer Erziehung englischen Stils schwer litt und das wußte. Sein Vater hatte ihn in eine Missionsschule geschickt, um die Weisheit zu lernen, und Wali Dad hatte mehr geschluckt, als sein Vater und die Missionare beabsichtigt hatten. Als sein Vater starb, war Wali Dad selbständig und brachte zwei Jahre damit hin, an den Religionen der Erde herumzuprobieren und Bücher zu lesen, die niemandem nützlich sind.

Nachdem er vergebens den Versuch gemacht hatte, gleichzeitig zur römisch-katholischen Kirche und zur Presbytersekte überzutreten (die Missionare kamen dahinter und beschimpften ihn, aber seine Not verstanden sie nicht), entdeckte er Lalun auf der Stadtmauer und wurde der treueste ihrer wenigen Verehrer. Er hatte einen Kopf, an dem englische Künstler zu Hause sich begeistern und den sie in den unmöglichsten Situationen malen würden – einen Kopf, den weibliche Romanschreiber mit Genuß durch neunhundert Seiten schleppen würden. In Wirklichkeit war er nur ein reinrassiger junger Mohammedaner mit klargezeichneten Augenbrauen, feingeschnittenen Nüstern, kleinen Füßen und Händen und einem sehr müden Blick in den Augen. Dank seinen zweiundzwanzig Jahren hatte er einen sehr netten schwarzen Bart, den er stolz streichelte und diskret parfümierte. Sein Leben schien darin zu bestehen, daß er bei mir Bücher lieh und im Fenstersitz Lalun den Hof machte. Er dichtete Lieder auf sie, und einige von den Liedern werden bis heute in der Stadt gesungen, von der Gasse der Hammelschlächter bis zu den Kupferschmieden.

Ein Lied, das hübscheste von allen, sagt, Laluns Schönheit sei so groß, daß sie dem Herzen der britischen Regierung Sorgen mache und sie um ihren Seelenfrieden bringe. So wird das Lied auf den Straßen gesungen; aber wenn man näher hinhört und den Schlüssel kennt, dann merkt man, daß drei Wortspiele drin sind – auf »Schönheit«, »Herz« und »Seelenfrieden« und dann kommt heraus: »Durch die Schlauheit Laluns gerät der Beamte der

Regierung in Sorge und verliert einen gewissen Mann.« Wenn Wali Dad dies Lied singt, dann glühen seine Augen wie heiße Kohlen, und Lalun lehnt sich in ihre Kissen und wirft Büschel von Jasminblüten auf Wali Dad.

Aber zuerst muß ich einiges über die Oberste Regierung sagen, die über allem und unter allem und hinter allem steht. Es kommen Herren aus England und verbringen einige Wochen in Indien, gehen um diese große Sphinx in der Ebene herum und beschreiben in Büchern ihr Wesen und ihr Tun, schmähen oder rühmen sie, wie es ihre Unwissenheit gerade verlangt und mit sich bringt. Folglich weiß die ganze Welt, wie die Oberste Regierung sich beträgt. Aber niemand einschließlich der Obersten Regierung weiß genau, wie die Verwaltung des Landes vor sich geht. Jahr für Jahr schickt England eine neue Besetzung für die vorderste Gefechtslinie, die offiziell Indian Civil Service heißt. Diese Leute sterben; bringen sich entweder selbst durch Überarbeitung um oder werden zu Tode gequält; ihre Gesundheit und ihr Lebensmut wird gebrochen, damit das Land vor Tod und Krankheit, Hunger und Krieg bewahrt bleibt und einmal fähig wird, auf eigenen Füßen zu stehen. Es wird nie auf eigenen Füßen stehen, aber der Gedanke ist schön, und Menschen sind bereit, für ihn zu sterben, und jahraus jahrein wird weiter daran gearbeitet, das Land in sein Glück hineinzustoßen, zu locken, zu schelten und zu ärgern. Wenn ein Fortschritt erreicht ist, haben die Eingeborenen das ganze Verdienst, während die Engländer beiseite stehen und sich die Stirn wischen. Wenn etwas schiefgeht, treten die Engländer vor und stecken den Rüffel ein. Dies übergroße Zartgefühl hat die vielen Eingeborenen im Glauben bestärkt, daß die Eingeborenen imstande sind, das Land selbst zu verwalten, und viele fromme Engländer glauben das auch, weil die Ansicht in schönem Englisch und mit den lebhaftesten Farben der Politik vorgetragen wird.

Es gibt auch andere Leute, Ungebildete, die aber trotzdem Visionen sehen und Träume träumen, und sie hoffen auch, das Land auf ihre Art zu regieren – das heißt mit einem Aufguß von roter Sauce. Es muß unter zweihundert Millionen solche Leute geben, und wenn man nicht auf sie aufpaßt, können sie Unruhe verursachen und sogar den großen Götzen stürzen, der *Pax Britannica* heißt und, wie die Zeitungen versichern, zwischen Peshawar und Kap Comorin haust. Wenn morgen das Jüngste Gericht käme, würde die Oberste Regierung »Maßregeln zur Besänftigung der Volkserregung« treffen und Posten auf die Kirchhöfe verteilen, damit die Toten vorschriftsmäßig ihren Weg gehen. Der jüngste Beamte würde auf eigene Verantwortung Gabriel verhaften, wenn der Erzengel keine Genehmigung des Obersten Kommissars vorwiese, »Musik oder sonstigen Lärm zu machen«, wie auf dem Schein steht.

Daraus kann man schon schließen, daß gewöhnliche Menschen von Fleisch und Blut, die einen Tumult erregen könnten, die Hand der Obersten Regierung zu spüren bekommen. Und das geschieht auch. Man sieht kein äußeres Zeichen der Erregung, keinen Auflauf, man weiß nichts davon. Wenn triftige und hinreichende Gründe angegeben, geprüft und bestätigt worden sind, setzt sich die Maschinerie in Bewegung, und der Träumer und Visionär wird seinen Freunden und Anhängern entzogen. Er genießt die Gastfreundschaft der Regierung; er behält Bewegungsfreiheit in gewissen Grenzen; er darf nur nichts mehr mit seinen Traumkollegen zu tun haben. Alle sechs Monate versichert sich die Oberste Regierung seines Wohlergehens und läßt sich in aller Form seine Existenz bescheinigen. Niemand protestiert dagegen, daß er festsitzt; denn die wenigen Leute, die es wissen, haben eine Todesangst, ihn zu kennen; und niemals wird eine Tageszeitung »seinen Fall« aufgreifen oder Demonstrationen für ihn organisieren, denn die Presse in Indien hat die Lüge durchschaut, daß die Feder mächtiger sei als das Schwert, und versteht sich behutsam zu bewegen.

So, nun weiß der Leser so viel, wie er braucht, von Wali Dad und seinem Bildungsgemisch und von der Obersten Regierung.

Lalun ist noch nicht beschrieben. Wali Dad sagt, dazu seien tausend goldene Federn nötig und Tinte, die nach Moschus duftet. Sie ist verschiedentlich verglichen worden, mit dem Monde, mit dem See Dil Sagar, mit einer gesprenkelten Wachtel, einer Gazelle, mit der Sonne über der Wüste Kutch, dem Frührot, den Sternen und einem jungen Bambus. Diese Vergleiche bedeuten, daß sie außerordentlich schön ist nach den Begriffen ihrer Heimat, die eigentlich dieselben sind wie die des Westens. Ihre Augen sind schwarz, und ihr Haar ist schwarz, und ihre Augenbrauen sind schwarz wie Blutegel; ihr Mund ist winzig und sagt witzige Dinge; ihre Hände sind winzig und haben viel Geld gespart; ihre Füße sind winzig und sind über die nackten Herzen vieler Männer geschritten. Aber wie Wali Dad singt: »Lalun ist Lalun, und wenn du das sagst, bist du erst am Anfang der Weisheit.«

Das kleine Haus auf der Stadtmauer ist gerade groß genug für Lalun, ihre Magd und ein Kätzchen mit silbernem Halsband. Ein großer Kristallkronleuchter, rosenrot und blau, hängt von der Decke des Empfangszimmers. Ein kleiner Nawab hat Lalun das Scheusal geschenkt, und sie hat es aus Höflichkeit behalten. Der Boden des Zimmers ist aus poliertem *Chunam** und weiß wie geronnene

* Aufstrich von Kalkstaub

Milch. Ein Fenster mit geschnitzten hölzernen Lädchen ist in der einen Wand, ein Überfluß von dicken molligen Kissen und schwellenden Teppichen ist überall, und Laluns silberne *Huqa**, mit Türkisen besetzt, hat einen besonderen Teppich für ihr kleines schimmerndes Ich. Wali Dad gehörte fast so zur Einrichtung des Zimmers wie der Kronleuchter. Wie gesagt, er lag im Fenstersitz und sann über das Leben und den Tod und Lalun – besonders über Lalun. Die Füße der jungen Leute der Stadt erschienen in ihrem Flur und verschwanden wieder, denn Lalun war ein wählerisches Mädchen, langsam in Worten, verschlossenen Gemüts, und nicht im geringsten zu Orgien geneigt, die fast sicher mit Zank endigten. »Wenn ich keinen Wert habe, dann bin ich dieser Ehre unwürdig«, sagte Lalun. »Wenn ich aber einen Wert habe, dann sind sie meiner unwürdig.« Und das war ein umständliches Bonmot.

In den langen heißen Nächten gegen Ende April und im Mai schien die ganze Stadt sich in Laluns kleinem weißen Zimmer zu versammeln, zu rauchen und zu schwatzen. Shiahs**, grimmig und unversöhnlich; Sufis**, die allen Glauben an den Propheten verloren und nur wenig Glauben an Gott übrig hatten; wandernde Hindupriester auf

* Wasserpfeife.

** Mohammedanische Sekten.

dem Wege nach Süden zu den zentralindischen Märkten und anderen Geschäften; Pandits* in schwarzen Gewändern mit Brillen auf der Nase und unverdauten Weisheiten in ihrem Innern; bärtige Amtsvorsteher; Sikhs**, erfüllt von den Details der letzten Skandale im Goldenen Tempel: rotäugige Priester von jenseits der Grenze, die wie gefangene Wölfe aussahen und redeten wie Raben; Professoren der Universität, sehr erhaben und sehr beredt – alle diese Leute und noch viele andere konnte man in dem weißen Zimmer treffen. Wali Dad lag im Fenstersitz und horchte auf ihre Gespräche.

»Das ist Laluns Salon«, sagte Wali Dad zu mir, »und er ist durchaus eklektisch – sagt man nicht so? Ich habe nur in der Freimaurerloge eine solche Versammlung gesehen. Da speiste ich einmal neben einem Juden – einem Yahoudi!« Er spuckte in den Stadtgraben und entschuldigte sich, daß er sich hatte von Nationalgefühlen hinreißen lassen. »Obgleich ich jegliche Art von Glauben verloren habe«, sagte er, »und versuche, darauf stolz zu sein, kann ich doch nicht umhin, die Juden zu hassen. Lalun läßt keine Juden zu sich.«

»Aber was in aller Welt tun alle diese Leute hier?« fragte ich.

»Der Fluch unseres Landes«, sagte Wali Dad,

* Gelehrte Brahmanen.

** Politisch-religiöse Gesellschaft im Punjab.

»sie schwatzen. Es ist genau wie bei den Athenern: immer Neuigkeiten hören und erzählen. Fragen Sie die Perle, und sie wird Ihnen zeigen, was sie an Neuigkeiten aus der Stadt und Provinz weiß. Lalun weiß alles.«

»Lalun«, sagte ich aufs Geratewohl – sie sprach mit einem Manne kurdischer Konfession, der Gott weiß woher erschienen war – »wann geht das 175. Regiment nach Agra?«

»Es geht überhaupt nicht«, sagte Lalun, ohne sich umzudrehen. »Das 118. Regiment hat den Befehl bekommen und geht statt dessen. Das andere geht nach drei Monaten nach Lucknow, wenn kein anderer Befehl kommt.«

»So ist es«, sagte Wali Dad, ohne den Schatten eines Zweifels. »Können Sie das besser mit Ihren Telegrammen und Zeitungen? Immer Neuigkeiten hören und erzählen«, sprach er weiter. »Mein Freund, hat Ihr Gott je ein europäisches Volk dafür gestraft, daß es in den Bazaren schwatzte? Indien hat jahrhundertelang geschwatzt – immer in den Bazaren herumgestanden, bis Soldaten vorbeikamen. Und darum sind Sie heute hier, statt in der Heimat zu verhungern, und darum bin ich kein Mohammedaner – sondern ein Produkt – ein Produkt der Verdammnis. Das schulde ich auch Ihnen und den Ihrigen: ich kann keinen Satz beendigen, ohne einen Ihrer Schriftsteller zu zitieren.« Er sog an der *Huqa* und trauerte halb aus Gewohnheit, halb im Ernst um die gescheiterten Hoffnungen seiner Jugend. Wali Dad trauerte immer über irgend etwas – das Land, an dem er verzweifelte, oder über die Religion, an die er nicht mehr glaubte, oder über das Leben der Engländer, das er durchaus nicht verstehen konnte.

Lalun trauerte niemals. Sie spielte kleine Lieder auf der *Sitar*, und wenn sie sang: »Rufe wieder, mein Pfau«, war es immer wieder ein Vergnügen, ihr zuzuhören. Sie kannte alle Lieder, die jemals gesungen worden sind, von den Kriegsliedern des Südens, bei denen die alten Männer böse werden auf die jungen und die jungen auf den Staat, bis zu den Liebesliedern des Nordens, wo die Schwerter in den Pausen zwischen den Küssen wie böse Geier kreischen und die Pässe sich mit Bewaffneten füllen und der Liebende von seiner Geliebten gerissen wird und endlos ai! ai! ai! schreit. Sie verstand, den Tabak für die *Huqa* zu bereiten, daß er duftete wie die Tore des Paradieses und einen sanft durch sie entführte. Sie verstand seltsame Dinge in Gold und Silber zu sticken und leise zu tanzen, wenn der Mondschein durchs Fenster hereindrang. Sie kannte die Herzen der Männer und die Herzen der Stadt und wußte, wessen Frau treu war und wessen untreu, und wußte mehr von den Geheimnissen der Regierungskanzleien, als gut wäre, hier zu erwähnen. Ihre Magd Nasiban sagte, ihr Schmuck sei über zehntausend Pfund wert, und eines Nachts werde ein Dieb einsteigen und sie drum ermorden; aber Lalun sagte, die ganze Stadt würde dem Dieb ein Glied vom anderen reißen, und wer er auch sei, er wisse das.

Sie nahm ihre *Sitar* und setzte sich in das Fenster und sang ein Lied aus der alten Zeit, das von einem Mädchen ihres Standes in einem Kriegslager am Vorabend einer Schlacht gesungen worden war – am Abend, bevor die Furten des Jumna sich röteten und Sivaji die fünfzig Meilen bis Delhi floh, am Schwanz seines Pferdes den feindlichen Hengst und auf dem Sattel vor sich eine andere Lalun. Es war, was die Leute eine Mahratta *Laonee* nennen, und hieß so:

Feinde berennen Chimnajee
Vom Ufer des Peishwa sie drohen,
Der Sonne und des Feuers Kinder
Wandten sich drüben und flohen.

Und der Chor sagte:

Bei ihnen focht mit seinem Schwert
Im roten Tuch, der da reitet frei,
Der junge Held, der Beute nimmt,
Und wagt den Kopf dabei.

»Und wagt den Kopf dabei«, sagte Wali Dad englisch zu mir. »Dank eurer Regierung sind unsere

Köpfe alle geschützt und mit den Bildungsgütern, die mir zu Gebote stehn« – seine Augen blitzten schalkhaft – »könnte ich ein geachtetes Mitglied der Lokalverwaltung sein. Vielleicht würde ich mit der Zeit sogar in den Gesetzgebenden Rat kommen.«

»Sprich nicht englisch«, sagte Lalun und beugte sich von neuem über ihre *Sitar.* Der Chor scholl von der Stadtmauer hinüber an die schwärzliche Mauer von Fort Amara, das die Stadt beherrscht. Kein Mensch kennt genau die Ausdehnung von Fort Amara. Drei Könige haben vor Hunderten von Jahren daran gebaut und es heißt, daß sich unterirdische Gemächer meilenweit unter seinen Mauern hinziehen. Es ist bewohnt von vielen Gespenstern, einer Abteilung Festungsartillerie und einer Kompanie Infanterie. Einst faßte es zehntausend Mann, und seine Gräben füllten sich mit ihren Leichen.

»Und wagt den Kopf dabei«, sang Lalun immer wieder.

Ein Kopf erschien auf einem der Wälle – der graue Kopf eines alten Mannes – und seine Stimme, rauh wie Haifischschuppen an einem Schwertknauf, gab den letzten Vers des Chores zurück; dann brach sie in einen Gesang aus, den ich nicht verstehen konnte, während Lalun und Wali Dad aufmerksam zuhörten.

»Was ist das?« fragte ich. »Wer ist das?«

»Ein zäher Mann«, sagte Wali Dad. »Er hat gegen euch als junger Krieger im Jahre 46 gefochten, und dann wieder im Jahre 57, und noch einmal versuchte er es im Jahre 71, aber da hattet ihr schon zu gut gelernt, Menschen mit Kanonen abzuschießen. Jetzt ist er alt; aber er würde immer noch kämpfen, wenn er könnte.«

»Also ist er ein Wahabi*? Wie kommt er denn dazu, auf eine Mahratta *Laonee* zu antworten, wenn er ein Wahabi ist – oder ist er ein Sikh?«

»Ich weiß nicht«, sagte Wali Dad. »Vielleicht hat er seine Religion verloren. Vielleicht möchte er König werden. Vielleicht ist er ein König. Ich kenne seinen Namen nicht.«

»Das ist eine Lüge, Wali Dad. Wenn Sie wissen, was er getan hat, müssen Sie wissen, wie er heißt!«

»Das ist wohl richtig. Ich gehöre zu einem Volk von Lügnern. Aber ich sage Ihnen den Namen lieber nicht. Denken Sie ihn sich selbst.«

Lalun beendete ihr Lied, zeigte nach dem Fort und sagte ganz einfach: »Khem Singh.«

»Hm«, sagte Wali Dad. »Wenn die Perle es für richtig hält, es ihm zu sagen, dann ist die Perle dumm.«

Ich übersetzte das Lalun, und sie lachte. »Ich sage, was ich sage. Man hat Khem Singh in Burma gefangengehalten«, sagte sie. »Er saß viele Jahre

* Reformierte mohammedanische Sekte.

dort, bis seine Gedanken sich änderten. So groß war die Güte der Regierung. Als man das merkte, schickte man ihn hierher in seine Heimat, damit er sie wiedersehen sollte, ehe er stirbt. Er ist ein alter Mann, aber wenn er hier seine Heimat wiedersieht, dann kommt ihm die Erinnerung wieder. Außerdem gibt es viele, die sich an ihn erinnern.«

»Er ist ein interessantes Überbleibsel«, sagte Wali Dad und sog an seiner *Huqa.* »Er kehrt zurück in ein Land voll pädagogischer und politischer Reformen, aber es ist so, wie die Perle sagt, es gibt viele, die sich an ihn erinnern. Er war einst ein großer Mann. Es wird nie wieder große Männer in Indien geben. Alle werden schon als Knaben fremden Göttern nachhuren und werden Untertanen werden – ›Mitbürger‹ – ›hervorragende Mitbürger‹. Wie nennen die Zeitungen der Eingeborenen sie?«

Wali Dad schien sehr schlechter Laune zu sein. Lalun blickte aus dem Fenster und lächelte in den Staubdunst. Ich ging fort und dachte über Khem Singh nach, der einst mit tausend Anhängern Geschichte gemacht hatte und ein Fürst hätte werden können, wenn die Macht jener Obersten Regierung nicht gewesen wäre.

Der Hauptmann und Kommandant von Fort Amara war auf Urlaub gegangen, aber der Leutnant, sein Stellvertreter, war unten im Klub; ich traf ihn da und fragte, ob es wirklich wahr sei, daß das Fort eine neue Attraktion in Gestalt eines politischen Gefangenen bekommen habe. Der Leutnant erzählte mir alles ausführlich, denn er hatte zum erstenmal das Kommando über das Fort, und seine Würde lastete auf ihm.

»Ja«, sagte er, »vor ungefähr einer Woche wurde mir von einer der unteren Garnisonen ein Mann überwiesen – ein absoluter Gentleman, mag er sonst sein, wer er will. Ich kam ihm natürlich in jeder Weise entgegen. Er hatte zwei Bediente mit und ein paar silberne Kochtöpfe und sah genau wie ein indischer Offizier aus. Ich nannte ihn also Subadar Sahib, für alle Fälle, verstehen Sie. ›Sehen Sie mal, Subadar Sahib‹, sagte ich, ›Sie sind meiner Autorität übergeben worden und es wird erwartet, daß ich Sie bewache. Na, ich habe nicht die Absicht, Ihnen das Leben schwer zu machen, aber Sie müssen mir die Sache auch erleichtern. Das ganze Fort steht Ihnen zur Verfügung von der Flagge bis zum Graben, und es wird mir ein Vergnügen sein, Sie in jeder Weise zu unterhalten, aber Sie dürfen keinen Vorteil daraus ziehen. Geben Sie mir Ihr Ehrenwort, daß Sie nicht versuchen wollen zu fliehen, Subadar Sahib, und ich will Ihnen mein Ehrenwort geben, daß ich Sie nicht mit einer strengen Wache belästigen werde.‹ Verstehen Sie, ich dachte, ich würde am besten mit ihm auskommen, wenn ich ganz offen mit ihm redete, und es war tatsächlich so. Der Alte gab mir sein Ehrenwort und spazierte im Fort herum, glücklich wie eine kranke Krähe. Er ist ein spaßiger Kerl – immer muß man ihm sagen, wo er ist und was für Gebäude ringsherum sind. Ich mußte einen blauen Wisch unterschreiben, als er erschien, Empfangsbescheinigung und dergleichen, und ich bin natürlich verantwortlich, daß er nicht ausreißt. Aber es ist doch komisch, auf einen Burschen aufpassen zu müssen, der alt genug ist, um mein Großvater zu sein, nicht? Kommen Sie nächstens mal aufs Fort und sehen ihn sich an?«

Aus Gründen, die noch klarwerden, kam ich nicht ein einziges Mal aufs Fort, solange Khem Singh darin hauste. Ich kannte ihn nur als grauen Kopf, der von Laluns Fenster zu sehen war – einen grauen Kopf und eine rauhe Stimme. Aber Eingeborene sagten mir, daß Tag um Tag, wie er so auf das schöne Land um Amara blickte, seine Erinnerung wieder erwachte und mit ihr sein alter Haß gegen die Regierung, der in der Ferne in Burma fast erloschen war. So wütete er an der Westseite des Forts auf und ab vom Morgen bis zum Mittag und vom Abend bis in die Nacht und sann über eitle Dinge in seinem Herzen und krächzte Kriegslieder, wenn Lalun auf der Stadtmauer sang. Als er mit dem Leutnant näher bekannt wurde, erleichterte er sein altes Herz um einige Gefühle, die an ihm zehrten. »Sahib«, sagte er dann wohl und klopfte mit seinem Stock an die Brustwehr, »als junger Mann war ich einer von zwanzigtausend Reitern, die aus dieser Stadt ausritten und sich auf der Ebene tummelten. Ich war der Führer von einem Hundert, dann von einem Tausend, dann von fünftausend, und jetzt!« – er zeigte auf seine zwei Bedienten. »Aber vom ersten Tage bis heute würde ich allen Sahibs im ganzen Lande die Hälse abschneiden, wenn ich könnte. Bewachen Sie mich gut, Sahib, sonst geh' ich davon und zurück zu denen, die mir folgen würden. Ich hatte sie vergessen, als ich in Burma war, aber jetzt, wo ich wieder in meiner Heimat bin, erinnere ich mich an alles.«

»Erinnern Sie sich auch, daß Sie mir Ihr Ehrenwort gegeben haben, mir mit Ihren Wünschen keine Schwierigkeiten zu machen?«

»Ja, Ihnen, nur Ihnen, Sahib«, sagte Khem Singh. »Ihnen habe ich es gegeben, weil Sie ein nettes Gesicht haben. Wenn die Reihe wieder an mich kommt, Sahib, werde ich Sie nicht hängen und Ihnen nicht den Hals abschneiden.«

»Ich danke Ihnen«, sagte der Leutnant ernsthaft und blickte die Front der Kanonen entlang, die die Stadt in einer halben Stunde zu Pulver stampfen konnten. »Wollen wir jetzt in unsere Quartiere gehen, Khem Singh? Kommen Sie nach Tisch zu mir, dann wollen wir plaudern.«

Dann saß Khem Singh auf seinem eigenen Kissen dem Leutnant zu Füßen und trank mit großen Schlucken schweren parfümierten Anisbrandy und erzählte seltsame Geschichten von Fort Amara, das in alten Zeiten ein Palast gewesen war, in dem Begums und Ranis* zu Tode gefoltert wurden – ja – wahrscheinlich in demselben Raum, der jetzt als Messe diente; erzählte Geschichten von Sobraon, daß dem Leutnant die Wangen rot wurden und juckten vor Stolz auf seine Rasse, und vom Kukaaufstand, von dem man so viel erwartet hatte und von dem wohl hunderttausend Menschen vorhergewußt hatten. Aber vom Jahre 57 erzählte er keine Geschichten, denn er war, wie er sagte, beim Leutnant zu Gast und 57 ist ein Jahr, von dem keiner, weder Schwarz noch Weiß, gern spricht. Nur einmal, als der Anisbrandy ihm leise zu Kopf gestiegen war, sagte er: »Sahib, um einmal von dem zu sprechen, was zwischen Sobraon und der Zeit der Kuka liegt: es ist uns immer ein Rätsel geblieben, wie ihr überhaupt durchgehalten habt und daß ihr dann, nachdem ihr durchgehalten hattet, nicht aus dem ganzen Lande ein Gefängnis gemacht habt. Ich höre jetzt von draußen, daß ihr den Männern unseres Landes viel Ehre erweist und mit eigenen Händen den Schrecken eures Namens austilgt, der euer starker Fels und Schutz ist. Das ist eine Torheit. Kann denn Öl und Wasser sich mischen? Nun im Jahre 57 –«

»Damals war ich noch nicht geboren, Subadar

* Vornehme mohammedanische und indische Damen.

Sahib«, sagte der Leutnant, und Khem Singh torkelte in sein Quartier.

Der Leutnant erzählte mir im Klub von diesen Gesprächen und verstärkte meinen Wunsch, Khem Singh zu sehen. Aber Wali Dad auf seinem Fenstersitz in dem Hause auf der Stadtmauer sagte, es würde eine Grausamkeit sein, und Lalun schmollte, daß ich die Gesellschaft eines alten grauen Sikh der ihren vorziehe.

»Hier ist Tabak, hier ist Unterhaltung, hier sind viele Fremde und alle Neuigkeiten aus der Stadt und vor allem: hier bin ich. Ich will Ihnen Geschichten erzählen und Lieder vorsingen und Wali Dad wird seinen englischen Blödsinn in Ihre Ohren sagen. Ist das langweiliger, als da drüben ein eingesperrtes Tier anzusehen? Gehen Sie morgen, wenn es sein muß, aber heute kommt der und der und wird herrliche Sachen erzählen.«

Wie es so geht. Dies Morgen kam nie, und die milde Wärme der letzten Regenzeit war der Kälte des Oktobers gewichen, ehe ich merkte, wie das Jahr verflog. Der Hauptmann und Kommandant des Forts kam von seinem Urlaub zurück und übernahm nach den Regeln der Anciennität die Bewachung von Khem Singh. Der Hauptmann war kein sehr freundlicher Mann. Er nannte alle Eingeborenen Nigger, was nicht nur sehr unhöflich, sondern auch ein Zeichen grober Unwissenheit ist.

»Was hat es für einen Zweck, zwei Tommys als

Wache zu dem alten Nigger zu kommandieren?« sagte er.

»Ich stelle mir vor, daß es seiner Eitelkeit schmeichelt«, sagte der Leutnant. »Die Leute haben Befehl, sich nur von ferne zu zeigen, aber er sieht in ihnen einen Beweis seiner Bedeutung, der arme Alte.«

»Ich will nicht, daß die Leute auf diese Weise dem regulären Wachtdienst entzogen werden. Stellen Sie ein paar Kerls von der Eingeborenen-Infanterie hin.«

»Sikhs?« sagte der Leutnant und hob die Augenbrauen.

»Sikhs, Pathans, Dogras – die schwarzen Bestien sind alle gleich«, und der Hauptmann sprach zu Khem Singh in einem Ton, der die Gefühle des alten Herrn beleidigte. Als man ihn vor fünfzehn Jahren zum zweitenmal gefangen hatte, sah ihn alles wie eine Art Tiger an. Es behagte ihm, in einem solchen Licht zu erscheinen. Aber er hatte vergessen, daß die Welt in fünfzehn Jahren sich weiter dreht und viele Leutnants zu Hauptleuten avancieren.

»Hat das Schwein von Hauptmann heute das Kommando im Fort?« fragte Khem Singh jeden Morgen seine Eingeborenenwache. Und die Wache erwiderte mit Rücksicht auf sein Alter und seine würdige Miene: »Jawohl, Subadar Sahib«, aber sie wußten nicht, wer er war.

In dieser Zeit war die Versammlung in Laluns kleinem Zimmer immer zahlreich und schwatzte mehr denn je.

»Die Griechen«, sagte Wali Dad, der bei mir Bücher geliehen hatte, »die Bewohner der Stadt Athen, haben da, wo sie immer hingingen, um Neuigkeiten zu hören und zu erzählen, ihre Frauen aufs strengste ausgeschlossen – denn die waren dumm. Daher kommt die herrliche Einrichtung der heterodoxen Frauen – ist das falsch? – die amüsant und gar nicht dumm waren. Alle griechischen Philosophen ergötzten sich an ihrem Umgang. Sagen Sie mir, mein Freund, wie steht es jetzt in Griechenland und den anderen Gegenden des Kontinents Europa? Sind eure Frauen auch dumm?«

»Wali Dad«, sagte ich, »ihr sprecht nie mit uns von eueren Frauen, und wir sprechen nie mit euch von unseren Frauen. Das ist die Grenze zwischen uns.«

»Ja«, sagte Wali Dad, »es ist sonderbar, wenn man bedenkt, daß unser üblicher Treffpunkt hier ist, im Hause einer gewöhnlichen – wie nennt ihr ›sie‹?« Er wies mit dem Pfeifenrohr nach Lalun.

»Lalun ist nichts als Lalun«, sagte ich, und das war die Wahrheit. »Aber wenn Sie sich eine Stellung in der Welt schaffen würden, Wali Dad, und aufhören würden zu träumen –«

»Dann könnte ich einen englischen Anzug mit

Hosen tragen. Ich könnte ein führender mohammedanischer Redner werden. Ich könnte sogar zu den Tennisgesellschaften des Staatskommissars eingeladen werden, wo die Engländer auf einer Seite stehen und die Eingeborenen auf der anderen, um die gesellschaftlichen Beziehungen im Lande zu fördern. Herzensherz«, sagte er plötzlich zu Lalun, »der Sahib sagt, ich soll dich verlassen.«

»Der Sahib sagt immer so dummes Zeug«, antwortete Lalun lachend. »In diesem Hause bin ich Königin, und du bist König. Der Sahib« – sie verschränkte die Arme überm Kopf und überlegte einen Augenblick, »der Sahib soll unser Wesir sein – deiner und meiner, Wali Dad – dafür, daß er gesagt hat, du sollst mich verlassen.«

Wali Dad lachte unmäßig, und ich lachte auch. »So soll es sein«, sagte er. »Mein Freund, sind Sie einverstanden, dieses lukrative Amt zu übernehmen? Lalun, was für einen Lohn soll er bekommen?«

Aber Lalun fing an zu singen, und für den Rest des Tages konnte man die Hoffnung aufgeben, eine vernünftige Antwort von ihr oder von Wali Dad zu bekommen. Wenn der eine fertig war, fing der andere an, persische Lieder, mit dreifachen Wortspielen in jeder zweiten Zeile, zu zitieren. Einige davon waren nicht unbedingt anständig, aber alle waren sehr komisch, und es nahm erst ein Ende, als ein dicker Herr in Schwarz mit einem goldenen

Klemmer auf der Nase sich bei Lalun melden ließ und Wali Dad mich in die glitzernde Nacht hinauszog, um in einem großen Rosengarten zu spazieren und Ketzereien über Religionen und Regierungen und den Lebenslauf der Menschen zu schwatzen.

Mohurrum, das große Trauerfest der Mohammedaner, stand dicht bevor, und was Wali Dad über religiösen Fanatismus sagte, hätte ihm sicher die Verbannung auch aus der freidenkendsten moslemitischen Sekte eingetragen. Da standen die Rosenbüsche rings um uns, die Sterne über uns, und aus allen Stadtteilen dröhnten die großen Mohurrum-Trommeln. Man muß wissen, daß die Stadt fast zu gleichen Teilen aus Hindus und Mohammedanern besteht, und wenn die Bekenner beider Religionen zu rauflustigen Stämmen gehören, dann bietet ein religiöses Fest die schönste Gelegenheit für Tumulte. Wenn sie können – das heißt, wenn die Regierung so schwach ist, es zu erlauben –, tun die Hindus ihr möglichstes, um irgendein kleineres Fest rechtzeitig so zu verlegen, daß es mit der großen Trauer um die Märtyrer Hassan und Hussein, die Helden des Mohurrum, zusammenfällt. Vergoldete und bemalte papierene Nachbildungen ihrer Gräber werden unter Schreien und Wehklagen, mit Musik, Fackeln und Geheul durch die Hauptstraßen der Stadt getragen; diese Darstellungen heißen *Tazia.* Ihr Weg ist von der Polizei von vornherein geregelt, und Polizeitrupps begleiten jede *Tazia*, damit die Hindus keine Ziegelsteine auf sie schmeißen und den Frieden der Königin und die Köpfe ihrer getreuen Untertanen nicht zerbrechen. Die Zeit des Mohurrum in einer »kämpfenden« Stadt ist eine bedenkliche Zeit für alle Beamten, denn wenn ein Tumult ausbricht, sind nicht die Aufrührer verantwortlich, sondern die Beamten. Sie müssen alles voraussehen und dafür sorgen, daß ihre Maßregeln, ohne lächerlich peinlich zu sein, doch jedenfalls genügen.

»Hören Sie die Trommeln!« sagte Wali Dad. »Das ist das Herz des Volkes – hohl und geräuschvoll. Glauben Sie, das Mohurrum geht glatt dies Jahr? Ich glaube, es wird Krawall geben.«

Er bog in eine Nebenstraße ein und ließ mich allein mit den Sternen und einer schläfrigen Polizeipatrouille. Dann ging ich zu Bett und träumte, Wali Dad habe die Stadt überrumpelt und ich sei Wesir geworden mit Laluns silberner *Huqa* als Amtsabzeichen.

Den ganzen Tag schlugen die Mohurrum-Trommeln in der Stadt, und den ganzen Tag bestürmten vornehme Hindus unter Tränen den Staatskommissar und beteuerten, sie würden vor Morgengrauen von den Mohammedanern ermordet werden. »Und das«, sagte der Stellvertretende Kommissar vertraulich zum Polizeichef, »ist ein ziemlich klarer Hinweis, daß die Hindus ungemütlich werden wollen. Ich denke, wir können ihnen eine kleine Überraschung vorbereiten. Ich habe den Oberhäuptern beider Religionen eine Warnung gegeben. Wenn sie sie nicht beachten wollen – um so schlimmer für sie.«

An diesem Abend war eine große Versammlung in Laluns Haus, aber außer dem Herrn in Schwarz mit dem goldenen Klemmer waren es Leute, die ich früher nie gesehen hatte. Wali Dad lag im Fenstersitz, so wütend auf seine Religion und ihre Manifestationen, wie er kaum je gewesen war. Laluns Magd war voll beschäftigt, den Tabak für die Gäste zu schneiden und zu mischen. Wir konnten das Getöse der Trommeln hören, wenn die Prozessionen, die jede *Tazia* begleiteten, zum Sammelplatz auf der Ebene vor der Stadt marschierten, wo sie sich für ihre feierliche Rückkehr und den Umzug innerhalb der Mauern ordneten. Alle Straßen schienen von Fackeln zu lodern. Nur das Fort Amara war schwarz und still.

Als der Lärm der Trommeln verstummte, sagte zunächst keiner in dem weißen Zimmer ein Wort. »Die erste *Tazia* ist abgegangen«, sagte Wali Dad, der auf die Ebene hinaussah.

»Das ist sehr früh«, sagte der Herr mit dem Klemmer. »Es ist erst halb neun.« Die Gesellschaft brach auf und ging.

»Einige von ihnen waren von Ladakh«, sagte Lalun, als der letzte gegangen war. »Sie haben mir Backsteintee mitgebracht, wie ihn die Russen verkaufen, und eine Teekanne aus Peshawar. Nun zeigen Sie mir, wie die englischen *Memsahibs* Tee machen.«

Der Backsteintee war abscheulich. Als wir mit ihm fertig waren, schlug Wali Dad vor, auf die Straße zu gehen. »Ich bin fast sicher, daß es Krawall geben wird«, sagte er. »Die ganze Stadt glaubt es und *vox populi* ist *vox dei,* wie der Babu* sagt. Nun sollen Sie wissen, daß heute die ganze Nacht an der Ecke beim Padshahi-Tor mein Pferd bereitsteht, wenn Sie umherreiten und sich die Sache ansehen wollen. Es ist ein erbärmliches Theater. Was kann es für ein Vergnügen sein, zwanzigtausendmal in derselben Nacht *›Ya Hassan! Ya Hussein!‹* zu sagen.«

Alle Prozessionen – es waren im ganzen zweiundzwanzig – waren jetzt innerhalb der Stadtmauern. Die Trommeln fingen wieder an zu dröhnen, die Menge heulte *»Ya Hassan! Ya Hussein!«* und schlug sich die Brust, die Blechkapellen spielten, so laut sie konnten, und an jeder Ecke, wo es der Platz erlaubte, erzählten mohammedanische Prediger die jammervolle Geschichte von dem Tode der Märtyrer. Es war unmöglich, sich anders zu bewegen als mit der Menge, denn die Straßen waren nur zwanzig Fuß breit. In den Hinduvierteln waren an allen Geschäften die Läden heraufgezogen und

* Der gebildete Inder.

verriegelt. Als die erste *Tazia,* ein prunkvoller Aufbau, zehn Fuß hoch, auf den Schultern von zwanzig rüstigen Männern in das Halbdunkel der Reiterkolonnade getragen wurde, flog ein Ziegelstein krachend durch ihre gekleisterte und vergoldete Flanke.

»In Gottes Namen«, murmelte Wali Dad ketzerisch, während von hinten ein Schrei ertönte und ein eingeborener Polizeioffizier sein Pferd durch die Masse zwängte. Es folgte ein zweiter Ziegelstein, und die *Tazia* wankte und schaukelte auf der Stelle, wo sie stehengeblieben war.

»Vorwärts! Im Namen des *Sirkars,* geht vorwärts!« schrie der Polizist; aber man hörte Fensterläden krachen und splittern, und die Menge blieb fluchend und murrend vor dem Hause stehen, aus dem der Ziegelstein gekommen war.

Dann brach unvermittelt der Sturm los – nicht nur in der Reiterkolonnade, sondern auch an einem halben Dutzend anderer Stellen. Die *Tazias* schwankten wie Schiffe auf dem Meere, die langen Fackelstangen tauchten um sie herum hinunter und herauf, und die Leute brüllten: »Die Hindus entweihen die *Tazias!* Schlagt sie! Schlagt sie! Für den Glauben, auf in ihre Tempel!« Die sechs oder acht Polizisten, die bei jeder *Tazia* waren, zogen ihre Knüppel und hieben, solange sie konnten, in der Hoffnung, die Menge von der Stelle zu kriegen, aber sie wurden über den Haufen gerannt, und als Abteilungen von Hindus in die Straßen drangen, wurde der Kampf allgemein. Eine halbe Meile weiter, wo die *Tazias* unangetastet waren, erschollen noch die Trommeln und die Schreie *»Ya Hassan! Ya Hussein!«*, aber nicht mehr lange. Die Prediger an den Straßenecken schlugen die Beine von den Bänken, die ihnen als Kanzeln dienten, und kämpften damit für den Glauben, während von den stillen Häusern Steine auf Freund und Feind herunterfielen und die vollgepfropften Straßen *»Din-din-din«* brüllten. Eine *Tazia* fing Feuer und wurde als flammende Barriere zwischen Hindus und Muselmanen an der Ecke der Gasse hingeworfen. Dann drang die Menge vor, und Wali Dad zog mich dicht an die steinerne Säule eines Brunnens. »Das war von Anfang an geplant!« schrie er mir ins Ohr, mit einer Leidenschaft, die man einem völlig Glaubenslosen nicht zugetraut hätte. »Die Steine sind schon im voraus auf die Häuser geschleppt worden. Diese Schweine von Hindus. Heute nacht werden wir die Kühe in ihren Tempeln ausweiden!«

Eine *Tazia* nach der anderen, einige brennend, andere zerfetzt, rasten an uns vorbei und der Pöbel mit, heulend, kreischend, im Fliehen an die Haustüren schlagend. Schließlich sahen wir die Ursache der Jagd. Hugonin, der Distriktschef der Polizei, ein Bursche von zwanzig Jahren, hatte dreißig Schutzleute zusammengerafft und trieb die Menge durch die Straßen. Sein altes graues Polizeipferd zeigte nicht das geringste Unbehagen, wie es so mit der Brust voran in die Menge gespornt wurde, und die lange Hundepeitsche, mit der er sich bewaffnet hatte, war keinen Augenblick still.

»Sie wissen, daß wir zuwenig Polizei haben, um mit ihnen fertig zu werden«, rief er, als er an mir vorbeikam, und wischte sich eine Schramme im Gesicht. »Sie wissen das sehr gut. Kommt denn von den Leuten im Klub keiner 'runter, um mitzumachen? Vorwärts, ihr Söhne verbrannter Väter!« Die Hundepeitsche klatschte auf die sich krümmenden Rücken, und die Schutzleute hieben aufs neue mit Knüppeln und Gewehrkolben. Mit ihnen verschwanden die Lichter und das Geschrei, und Wali Dad fing an, vor sich hin zu fluchen. Vom Fort Amara schoß eine einzelne Rakete auf; dann zwei zusammen. Das war das Signal für die Truppen.

Der Staatskommissar Petitt galoppierte staub- und schweißbedeckt, aber ruhig und freundlich lächelnd, die reingeputzte Straße entlang, als Nachhut hinter dem Gros der Tumultuanten. »Noch keiner tot bis jetzt«, rief er. »Ich werde sie im Trab halten bis morgen früh! Lassen Sie sie nicht zum Stehen kommen, Hugonin! Jagen Sie sie herum, bis die Truppen kommen.«

Die Verteidigungstaktik bestand einzig darin, den Pöbel in Bewegung zu erhalten. Hätte er stehenbleiben und Luft schnappen können, so hätte er ein Haus in Brand gesteckt, und dann wäre die Wiederherstellung der Ordnung zum mindesten viel schwieriger gewesen. Flammen haben auf die Masse dieselbe Wirkung wie Blut auf ein wildes Tier.

Der Klub war benachrichtigt worden, und allmählich erschienen Herren in Abendkleidung und halfen mit Steigbügelriemen, Peitschen und zufällig aufgegriffenen Stöcken, die Menge zu umgehen und zu zerteilen. Sie wurden selten angegriffen. Denn die Aufrührer hatten doch Verstand genug, um zu begreifen, daß der Tod eines Europäers nicht nur einen Gehenkten bedeutete, sondern viele, und vielleicht sogar das Eingreifen der vielgefürchteten Artillerie. Das Getöse in der Stadt verdoppelte sich. Die Hindus hatten sich jetzt mit aller Wut in die Straßen geworfen, und nach kurzer Zeit kehrte die Menge zurück. Es war ein seltsamer Anblick. Keine *Tazias* mehr – nur ihre demolierten Plattformen – keine Polizei. Hier und da flehte ein Würdenträger der Stadt, Hindu oder Moslem, seine Glaubensgenossen an, sich zu beruhigen und sich anständig zu benehmen – und wurde dafür an seinem weißen Bart gezerrt. Dann wurde ein eingeborener Polizeioffizier, ohne Pferd, aber immer noch mit seinen Sporen tätig, die Straße entlanggeschoben und warnte die Menge vor der Gefahr eines Widerstandes gegen die

Staatsgewalt. Überall schlugen Leute planlos mit Stöcken aufeinander, packten sich gegenseitig an der Kehle, brüllten und schäumten vor Wut oder schlugen mit nackten Fäusten gegen die Haustüren.

»Nur gut, daß sie mit natürlichen Waffen kämpfen«, sagte ich zu Wali Dad, »sonst würde die halbe Stadt umkommen.«

Ich wandte mich beim Sprechen und sah sein Gesicht an. Seine Nüstern waren weit, seine Augen starr, und er schlug sich leise gegen die Brust. Die Masse strömte mit erneuter Wucht vorüber – einer Anzahl von Muselmanen wurde von einigen hundert Hindufanatikern übel zugesetzt. Wali Dad verschwand mit einem Fluch von meiner Seite, schrie auf *»Ya Hassan! Ya Hussein!«*, tauchte in das Gewühl des Kampfes, und ich verlor ihn aus den Augen.

Ich flüchtete durch einen Seitenweg zum Padshahi-Tor, wo ich Wali Dads Pferd vorfand, und ritt von da zum Fort. Als ich außerhalb der Stadt war, sank der Tumult zu einem dumpfen Dröhnen herab, das unter dem gestirnten Himmel sehr eindrucksvoll war und den fünfzigtausend wütenden starken Männern, die es vollführten, alle Ehre machte. Auf die Truppen, die auf Veranlassung des Staatskommissars Befehl bekommen hatten, sich in aller Stille beim Fort zu versammeln, schien es keinen Eindruck zu machen. Zwei Kompanien Eingeboreneninfanterie, eine Schwadron Eingeborenenkavallerie und eine Kompanie britischer Infanterie waren im Schatten der Ostfront angetreten und warteten auf den Befehl zum Einmarsch. Ich muß leider sagen, daß sie sich alle diebisch freuten, die Gelegenheit zu einem »Späßchen« zu haben, wie sie es nannten. Die älteren Offiziere brummten allerdings, daß man sie aus dem Bett geholt hatte, und die englischen Truppen stellten sich mürrisch, aber in den Herzen aller Leutnante war eitel Vergnügen, und es lief ein Flüstern die Linien entlang: »Nicht einmal scharfe Patronen – 's ist 'ne Schmach!« – »Glaubst du denn, das Pack wird sich widersetzen?« – »Hoffentlich treffe ich meinen Wechsler. Ich schulde ihm mehr, als ich zahlen kann.« – »Wir werden nicht mal blankziehen dürfen.« – »Hurra! Die vierte Rakete geht hoch. Nu aber los!«

Die Festungsartillerie, die bis zuletzt die verwegene Hoffnung hegte, daß man ihr erlauben würde, die Stadt auf hundert Meter Entfernung zu bombardieren, stand längs der Brustwehr über dem Osttor und schrie sich heiser, als die britische Infanterie in Kolonne auf der Straße zum Haupttor der Stadt abzog. Die Kavallerie galoppierte zum Padshahi-Tor, und die Eingeboreneninfanterie marschierte langsam zum Fleischertor. Die Überraschung sollte durchaus unangenehm werden und direkt auf die Niederlage der Polizei folgen, die eben noch die Mohammedaner zu verhindern vermochte, die Häuser einiger Hinduführer in Brand zu stecken. Der Tumult kloßte sich im Nord- und Nordwestviertel zusammen. Der Osten und Südosten waren um diese Zeit dunkel und ruhig. So ritt ich rasch zu Laluns Haus, denn ich wollte ihr gern sagen, daß sie jemanden auf die Suche nach Wali Dad schicken solle. Das Haus war nicht erleuchtet, aber die Tür stand offen, und ich stieg im Dunkeln die Treppe hinauf. Eine kleine Lampe im weißen Zimmer zeigte Lalun und ihre Magd halb aus dem Fenster gelehnt, wie sie schwer atmend etwas zu ziehen schienen, was nicht kommen wollte.

»Spät kommst du – sehr spät«, schnaufte sie, ohne den Kopf umzudrehen. »Hilf uns jetzt, du Esel, wenn du nicht alle Kräfte bei deinen *Tazias* ausgeheult hast. Zieh! Nasiban und ich können nicht mehr! Oh, Sahib, sind Sie es? Die Hindus haben einen alten Mohammedaner mit Knüppeln durch den Graben gejagt. Wenn sie ihn wieder finden, werden sie ihn umbringen. Helfen Sie uns, ihn heraufzuziehen.«

Ich packte mit an der langen roten Seidenschärpe an, die zum Fenster hinaushing, und wir drei zogen aus Leibeskräften. Es war etwas sehr Schweres am unteren Ende, das fluchte in einer fremden Sprache, wenn es an die Stadtmauer stieß.

»Zieh, oh, zieh!« sagte Lalun schließlich. Ein

paar braune Hände griffen nach dem Fenstersims, und ein ehrwürdiger Mohammedaner torkelte auf den Boden. Er war ganz außer Atem. Seine Kinnbacken waren umwickelt, der Turban auf ein Auge gerutscht, und er war staubig und ärgerlich.

Lalun verbarg einen Augenblick ihr Gesicht mit den Händen und sagte etwas über Wali Dad, was ich nicht verstand.

Dann schlang sie zu meiner freudigen Überraschung ihre Arme um meinen Hals und murmelte Zärtlichkeiten. Ich beeilte mich nicht, sie abzuwehren, und Nasiban wandte sich als taktvolles Mädchen zum Schmuckkasten, der in der Ecke des weißen Zimmers stand, und kramte in seinem Inhalt. Der Mohammedaner saß am Boden und döste.

»Noch einen Dienst, Sahib, da du so zu rechter Zeit gekommen bist«, sagte Lalun. »Willst du« – es ist sehr nett, von Lalun geduzt zu werden – »diesen alten Mann durch die Stadt zum Kumharsen-Tor führen – überall sind Truppen und sie könnten ihm etwas tun, denn er ist alt. Dort wird er wohl einen Wagen finden, der ihn nach Hause bringt. Er ist ein Freund von mir, und du bist – mehr als ein Freund, darum bitte ich dich.«

Nasiban lehnte über dem alten Manne und steckte etwas in seinen Gürtel, und ich hob ihn auf und brachte ihn auf die Straße. Beim Durchqueren der Stadt von Osten nach Westen hatte man keine Aussicht, den Truppen und der Menge auszuweichen. Lange bevor ich die Reitergasse erreichte, hörte ich die Stimmen der britischen Infanterie, die lustig riefen: »Ho, ihr Bettler! Ho, ihr Satane! Marsch! Vorwärts!« Dann schallten die Stöße von Gewehrkolben und Angstschreie. Die Truppen bearbeiteten die nackten Zehen des Pöbels mit ihren Kolben – denn es war kein Bajonett aufgepflanzt worden. Mein Begleiter krächzte und stammelte unterwegs, bis wir von der Masse zerdrückt wurden und uns den Weg zu den Truppen erkämpfen mußten. Ich erwischte ihn am Handgelenk und spürte einen Ring – den eisernen Ring der Sikhs –, aber ich hatte keinen Argwohn, denn Lalun hatte erst vor zehn Minuten ihren Arm um meinen Hals geschlungen. Dreimal wurden wir von der Menge zurückgedrängt, und als wir an der britischen Infanterie vorbei waren, gerieten wir in die Sikhkavallerie, die einen anderen Haufen mit ihren langen Lanzenschäften vor sich hertrieb.

»Wer sind diese Hunde?« fragte der alte Mann.

»Sikhs von der Kavallerie, mein Vater«, sagte ich, und wir zwängten uns einen Weg längs der doppelten Reihe der Pferde und trafen den Staatskommissar, den zerbrochenen Helm auf dem Kopf, umgeben von einem Knäuel von Leuten, die als Amateurpolizisten aus dem Klub gekommen waren und der Polizei kräftig geholfen hatten.

»Bis morgen früh sollen sie laufen«, sagte Petitt. »Was haben Sie da für einen Halunken bei sich?«

Ich hatte nur Zeit zu sagen: »Im Schutze des *Sirkars!*«, als ein neuer Haufen auf der Flucht vor der Eingeboreneninfanterie uns hundert Meter näher an das Kumharsen-Tor schwemmte; Petitt war fortgeweht wie ein Schatten.

»Ich weiß nicht – ich sehe nicht – das ist mir alles neu!« stöhnte mein Begleiter. »Wieviel Truppen sind in der Stadt?«

»Fünfhundert vielleicht«, sagte ich.

»Tausende geschlagen von fünfhundert – und Sikhs dabei! Wahrlich, wahrlich, ich bin ein alter Mann, aber – das Kumharsen-Tor ist mir neu. Wer hat die steinernen Löwen heruntergestoßen? Wo ist der Kanal? Sahib, ich bin ein sehr alter Mann und oh, ich – ich kann nicht mehr stehn!« Er fiel im Schatten des Kumharsen-Tores nieder, wo ihm nichts weiter passieren konnte. Ein dicker Herr mit einem goldenen Klemmer kam aus dem Dunkel hervor.

»Es ist sehr liebenswürdig von Ihnen, daß Sie meinen alten Freund bringen«, sagte er höflich. »Er ist Gutsbesitzer aus Akala. Er sollte während eines religiösen Aufstands nicht in einer großen Stadt sein. Aber ich habe einen Wagen hier. Sie sind wirklich sehr liebenswürdig. Wollen Sie mir helfen, ihn in den Wagen zu setzen? Es ist sehr spät.«

Wir packten den alten Mann in eine Mietdroschke, die dicht am Tor stand, und ich ging wieder zurück zu dem Hause auf der Stadtmauer. Die Truppen jagten die Leute hin und her, während die Polizei brüllte: »In die Häuser! Marsch, in die Häuser!« und die Hundepeitsche des Distriktschefs unbarmherzig klatschte. Angsterfüllte Bunnias klammerten sich an die Steigbügel der Kavallerie und schrien, ihre Häuser seien geplündert (was eine Lüge war), und die gutmütigen Sikhreiter klopften ihnen auf die Schulter und forderten sie auf, in diese Häuser zurückzukehren, damit nichts Schlimmeres geschehe. Gruppen von fünf oder sechs britischen Soldaten zogen Arm in Arm und säuberten die Seitengassen; die Gewehre auf dem Rücken, trampelten sie mit Geschrei und Gesang Hindus und Muselmanen auf die Zehen. Noch nie wurde eine religiöse Begeisterung systematischer zertreten und noch nie gab es arme Friedensstörer mit so matten Gliedern und so wunden Füßen. Sie wurden hervorgestöbert aus Löchern und Winkeln, hinter Brunnensäulen und Kuhställen und in ihre Häuser getrieben. Wenn sie keine Häuser hatten – um so schlimmer für ihre Zehen.

Bei meiner Rückkehr zu Laluns Haus stolperte ich auf der Schwelle über einen Mann. Er schluchzte hysterisch, und seine Arme klappten wie die Flügel einer Gans. Es war Wali Dad, der Atheist und Freidenker, barfuß, ohne Turban, mit schäumendem Mund, das Fleisch auf der Brust zerschunden und blutig von der Wut, mit der er sich geschlagen hatte. Eine zerbrochene Fackelstange lag neben ihm, und seine zitternden Lippen murmelten: *»Ya Hassan! Ya Hussein!«*, als ich über ihn trat. Ich schob ihn ein paar Stufen die Treppe hinauf, warf ein Steinchen an Laluns Straßenfenster und eilte nach Hause.

Die meisten Straßen waren ganz ruhig, und der kalte Wind, der vor der Dämmerung kommt, pfiff durch sie. Mitten auf dem Platz der Moschee war ein Mann über eine Leiche gebückt. Der Schädel war von einem Gewehrkolben oder einem Bambusstock eingeschlagen.

»Es ist besser, daß ein Mann sterbe für das Volk«, sagte Petitt finster und hob den mißgestalteten Kopf. »Diese Bestien fingen an, zu sehr die Zähne zu zeigen.«

Und von weitem hörten wir die Soldaten singen: »Zwei holde schwarze Augen«, während sie den Rest der Aufrührer in die Häuser trieben.

Der Leser kann wohl erraten, was geschehen war. Ich war nicht so schlau. Als die Nachricht herauskam, Khem Singh sei aus dem Fort entwischt, konnte ich damals, da ich die Geschichte erlebte und nicht beschrieb, keinen Zusammenhang zwischen mir oder Lalun oder dem dicken Herrn mit dem goldenen Klemmer und der Flucht finden. Es fiel mir auch nicht ein, daß Wali Dad derjenige war, der ihn durch die Stadt hatte begleiten sollen, oder daß Laluns Arme sich um meinen Hals geschlungen hatten, um das Geld zu verbergen, das Nasiban Khem Singh zusteckte, und daß Lalun mich und mein weißes Gesicht viel besser als Schutzschild hatte brauchen können als Wali Dad, der sich so unzuverlässig bewies. Damals wußte ich nur so viel, daß Khem Singh, während Fort Amara mit den Aufrührern beschäftigt war, die Verwirrung dazu benutzt hatte, zu fliehen, und daß seine beiden Sikhwächter ebenfalls ausgerissen waren.

Später wurde mir freilich alles klar; auch was Khem Singh betraf. Er floh zu denen, die ihn aus der alten Zeit kannten; aber viele von ihnen waren tot, und sehr viele hatten sich verändert, und alle wußten etwas von dem Zorn der Regierung. Er ging zu den jungen Männern, aber der Glanz seines Namens war vergangen und sie traten jetzt in Eingeborenenregimenter oder in Regierungsbüros ein, und Khem Singh konnte ihnen weder Pensionen noch Orden, noch Einfluß verschaffen – nichts als den rühmlichen Tod, den Rücken vor einem Kanonenrohr. Er schrieb Briefe und machte Versprechungen, die Briefe fielen in unrechte Hände, ein ganz untergeordneter bedeutungsloser Polizeioffizier fing sie ab und verdiente sich ein Avancement damit. Außerdem war Khem Singh alt und Anisbrandy war selten, und er hatte seine silbernen Kochtöpfe in Fort Amara gelassen und sein gemütliches warmes Bett dazu, und dem Herrn mit dem goldenen Klemmer wurde von seinen Auftraggebern mitgeteilt, daß Khem Singh als Führer des Volkes das aufgewendete Geld nicht wert sei.

»Groß ist die Gnade dieser englischen Narren!« sagte Khem Singh, als ihm die Lage auseinandergesetzt wurde. »Ich werde aus freiem Willen wieder nach Fort Amara zurückkehren und mir Ehre gewinnen. Gebt mir gute Kleider, in denen ich zurückgehen kann.«

So klopfte Khem Singh eines Tages an das Tor des Forts und ging zu dem Hauptmann und dem Leutnant, die über der Korrespondenz, die täglich aus Simla mit dem Vermerk »Geheim« kam, fast ergraut waren. »Da bin ich wieder, Hauptmann Sahib«, sagte Khem Singh. »Stellen Sie mir keine Wachen mehr. Es ist nicht gut da draußen.«

Eine Woche später sah ich ihn zum ersten Male mit Bewußtsein, und er tat, als sei ein Einverständnis zwischen uns.

»Es war gut gemacht, Sahib«, sagte er, »und ich habe Ihre Schlauheit bewundert, wie Sie so kühn den Truppen entgegengingen, während ich, den sie gewiß in Stücke gerissen hätten, dabei war. Nun gibt es da einen Mann in Fort Ooltagarh, dem könnte ein verwegener Mann wohl leicht zur Flucht helfen. Die Lage des Forts ist so, wie ich sie hier im Sande zeichne.«

Aber ich dachte darüber nach, wie ich nun wirklich Laluns Wesir geworden war.

Dray wara yow dee

Denn Eifersucht ist die Raserei des Mannes: darum wird er nicht schonen am Tage der Rache.

Mandeln und Rosinen, Sahib? Trauben von Kabul? Oder ein seltenes Pony, wenn der Sahib mit mir kommen will? Es ist dreizehneinhalb Hand hoch, Sahib, kann Polo spielen, im Wagen gehn, eine Dame tragen und – Heiliger Gottes und selige Imams, es ist ja der Sahib selbst! Mein Herz wird feist und mein Auge fröhlich. Mögest du nie ermüden! Wie kühles Wasser in der Tirah, so ist der Anblick eines Freundes in der Fremde. Und was tust *du* in diesem verfluchten Lande? Südlich von Delhi, Sahib, du kennst das Wort – »sind die Männer Diebe und die Weiber Huren«. Auf Befehl? Ein Befehl ist ein Befehl, bis man stark genug ist, nicht zu gehorchen. O mein Bruder, o mein Freund, wir treffen uns in einer guten Stunde! Ist alles wohl in der Seele und im Leibe und im Hause? An einem glücklichen Tage sind wir beide wieder zusammengekommen.

Ich soll zu dir kommen? Deine Gnade ist groß. Ist da ein Kettenpfahl im Hof? Ich habe drei Pferde und die Packen und den Pferdejungen. Bedenke auch, daß mich die Polizei hier für einen Pferdedieb hält. Was wissen diese Bastarde im Flachland von Pferdedieben? Erinnerst du dich an die Zeit in Peshawar, als Kamal an die Tore von Jumrud schlug – ein geborener Schwindler – und die Pferde des Obersten alle in einer Nacht stahl? Kamal ist jetzt tot, aber sein Neffe hat das Geschäft aufgenommen, und die werden noch mehr Pferde vermissen, wenn die Khaiber Levies nicht aufpassen.

Der Friede Gottes und die Gnade seines Propheten sei über diesem Hause und allem, was darin ist! Shafizullah, binde die scheckige Stute unter den Baum und hol Wasser. Die Pferde können in der Sonne stehen, aber lege die Decken doppelt auf den Rücken. Nein, mein Freund, mache dir die Mühe nicht, sie anzusehen. Die sind zum Verkauf an die Narren von Offizieren, die so viel von Pferden verstehen. Die Stute ist trächtig; der Graue ist ein wilder Teufel; und der Braune – na, du kennst ja den Trick mit dem Bolzen. Wenn sie verkauft sind, gehe ich zurück nach Pubbi, oder vielleicht ins Tal von Peshawar.

O Freund meines Herzens, es tut gut, dich wiederzusehen. Ich habe den ganzen Tag gedienert und gelogen für die Offizier-Sahibs wegen dieser Pferde; und mein Mund ist zu trocken für ein ehrliches Wort. *Auggrh!* Vor dem Essen ist gut rauchen. Setze dich nicht zu mir, denn wir sind nicht in der Heimat. Setze dich auf die Veranda, und ich werde hier meinen Mantel ausbreiten. Aber zuerst will ich trinken. Im Namen Gottes, der den Dank vergilt dreifältig! Das ist süßes Wasser, wahrlich – süß wie das Wasser von Sheoran, wenn es vom Schnee herabkommt.

Alle sind wohl und zufrieden im Norden – Koda Baksh und die anderen. Yar Khan ist mit den Pferden von Kurdistan gekommen – sechsunddreißig Stück nur und die Hälfte Lastponys – und hat laut im Kashmir-Serai gesagt, die Engländer sollten Gewehre hinschicken und den Emir in die Hölle jagen. Fünfzehn Mauthäuser sind jetzt an der Straße von Kabul; und in Dakka, als er dachte, er sei nun durch, wurden dem Yar Khan alle seine Balkh-Hengste von der Regierung abgenommen! Das ist ein großes Unrecht, und Yar Khan glüht vor Wut. Und die anderen: Mahbub Ali ist noch in Pubbi, schreibt Gott weiß was. Tugluq Khan sitzt im Gefängnis für die Geschichte mit der Polizeipost von Kohat. Faiz Beg kam von Ismail-Ki-Dhera herunter mit einem bucharischen Gürtel, für dich, mein Bruder, gegen Ende des Jahres; aber niemand wußte, wo du hin warst; es war nichts hinterlassen. Die Vettern haben bei Pakpattan wieder angefangen, Maultiere für die Karren der Regierung zu züchten, und es gibt eine Geschichte im Bazar von einem Priester. Oho! Eine gesalzene Geschichte! Hör mal zu –

Sahib, warum fragst du mich das? Meine Kleider sind dreckig von dem Staub der Straße. Meine Augen sind trübe von dem Glanz der Sonne. Meine Füße sind geschwollen, weil ich sie in bitterem Wasser gewaschen habe, und meine Wangen sind hohl, weil das Essen hier schlecht ist. Feuer möge dein Geld vertilgen. Was soll ich damit? Ich bin reich und ich dachte, du wärst mein Freund; aber du bist wie die anderen, ein Sahib. Ist ein Mann traurig? Gib ihm Geld, sagen die Sahibs. Ist er entehrt? Gib ihm Geld, sagen die Sahibs. Hat er eine Schuld auf seinem Haupt? Gib ihm Geld, sagen die Sahibs. So sind die Sahibs, und so bist du – sogar du.

Nein, sieh die Füße des Braunen nicht an. Schade, daß ich dich überhaupt gelehrt habe, die Beine eines Pferdes zu beurteilen. Wund gelaufen? Mag sein. Was ist dabei? Die Wege sind schlecht. Auch die Stute wund gelaufen? Sie trägt eine doppelte Last, Sahib.

Und nun erlaube mir, bitte, mich zu verabschieden. Große Gunst und Ehre hat der Sahib mir erwiesen und hat sehr gnädig gezeigt, daß er die Pferde für gestohlen hält. Vielleicht gefällt es ihm, mich auf die Wache zu schicken? Will er einen Straßenkreuzer rufen und mich von einem dieser Faulenzer abführen lassen? Ich bin der Freund des Sahib. Ich habe Wasser getrunken im Schatten seines Hauses, und er hat mein Gesicht dunkel gemacht. Ist noch etwas zu tun? Will der Sahib mir acht Anna geben, um das Unrecht zu heilen und – die Beleidigung vollkommen zu machen?

Verzeih mir, mein Bruder. Ich wußte nicht – ich weiß noch jetzt nicht – was ich sage. Ja, ich habe dich belogen. Ich will Staub auf mein Haupt tun – und ich bin ein Afridi! Die Pferde haben sich wund gelaufen vom Tale bis hierher, und meine Augen sind matt, und mein Leib schmerzt vor Mangel an Schlaf, und mein Herz ist ausgedorrt von Kummer und Schande. Aber wie es meine Schande war, so soll, bei Gott dem Spender der Gerechtigkeit – bei Allah-al-Mumit – auch die Rache mein sein.

Wir haben einst zueinander gesprochen mit nackten Herzen und unsere Hände getaucht in die gleiche Schüssel, und du bist mir wie ein Bruder gewesen. Dafür zahle ich dir heim mit Lüge und Undank – wie ein Pathan. Nun höre mich! Wenn der Kummer der Seele zu schwer wird, kann er durch Reden etwas leichter werden; und zudem ist der Geist eines ehrlichen Mannes wie ein Brunnen, und der Sand des Geständnisses fällt hinein und sinkt unter und ist nicht mehr zu sehen. Ich bin vom Tale zu Fuß hierhergekommen, Meile um Meile, mit einem Feuer in meiner Brust, wie das Feuer der Hölle. Warum? Hast du denn so bald unsere Sitten vergessen, der Leute, die ihre Weiber und Töchter um Silber verkaufen? Komm zurück mit mir in den Norden und sei wieder unter Menschen. Komm zurück, wenn diese Sache getan ist und ich nach dir rufe! Die Blüte der Pfirsichgärten liegt auf dem ganzen Tal, und hier ist nur Staub und großer Gestank. Dort ist ein lieblicher Wind zwischen den Maulbeerbäumen, und die Ströme sind breit von Schneewasser, und Karawanen ziehen hinauf und Karawanen ziehen hinab, und hundert Feuer blinken in der Enge des Passes, und der Zeltpflock klingt unter dem Hammer, und ein Lastpferd ruft das andere durch den wehenden Abenddunst. Schön ist es jetzt im Norden. Komm zurück mit mir. Laß uns zu den Unsrigen gehen! Komm.

Woher meine Trauer kommt? Reißt wohl ein Mann sein Herz heraus und brät es in kleinen Stücken über einem langsamen Feuer um etwas anderes als um ein Weib? Lache nicht, du mein Freund, denn deine Zeit wird auch kommen. Eine Frau von den Abazai war sie, und ich nahm sie zum Weibe, um den Zwist zu stillen zwischen unserem Dorf und den Leuten von Ghor. Ich bin nicht mehr jung? Der Kalk hat meinen Bart gestreift? Es ist wahr. Ich brauchte nicht zu heiraten? Nein, aber ich liebte sie. Wie sagt Rahman: »Wem die Liebe in das Herz fällt, in dem ist Torheit *und sonst nichts.* Mit einem Blick des Auges hat sie dich geblendet; mit dem Augenlid und mit der Franse des Augenlides dich unrettbar gefangen, *und sonst nichts.*« Erinnerst du dich an dies Lied beim Rösten der Schafe im Lager Pindi bei den Uzbeken des Emirs?

Die Abazai sind Hunde, und ihre Weiber sind die Dienerinnen der Sünde. Da war ein Liebhaber aus ihrem eigenen Stamm, aber von dem sagte ihr Vater mir nichts. Mein Freund, verfluche für mich in deinen Gebeten, so wie ich in jedem Gebete verfluche vom Fakr bis zum Isha, den Namen Daoud Shahs, des Abazai, dessen Kopf noch auf den Schultern ist, dessen Hände noch an ihrem Gelenk sind, der mich entehrt hat und meinen Namen zu einem Gelächter gemacht hat unter den Weibern von Little Malikand.

Ich ging nach Hindustan nach zwei Monaten – nach Cherat. Ich war nur zwölf Tage fort, aber ich hatte gesagt, ich würde fünfzehn Tage bleiben. Dies hatte ich gesagt, um sie zu prüfen, denn es steht geschrieben: ›Traue dem Schwachen nicht.‹ Wie ich allein bei Einbruch der Nacht die Schlucht heraufkomme, höre ich die Stimme eines Mannes an der Tür meines Hauses singen; und es war die Stimme von Daoud Shah, und das Lied war *Dray wara yow dee**. Es war, als ob mir eine Schlinge um das Herz gelegt würde, und alle Teufel zogen sie fest, daß es nicht zu ertragen war. Ich kroch leise den Pfad bergauf, aber der Zünder an meiner Büchse war naß vom Regen, und ich konnte Daoud Shah nicht aus der Ferne erschlagen. Zudem hatte ich vor, das Weib auch zu töten. So sang

* Alle drei sind eins.

er, sitzend vor dem Hause, und bald darauf öffnete das Weib die Tür, und ich kam näher, auf dem Bauch durch die Felsen kriechend. Ich hatte nur mein Messer bei der Hand. Aber ein Stein glitt unter meinem Fuß aus, und die zwei sahen den Abhang hinunter, und er ließ seine Büchse liegen und floh vor meinem Zorn, denn er hatte Angst um sein Leben. Aber das Weib bewegte sich nicht, bis ich vor ihr stand und schrie: »O Weib, was hast du getan?« Und sie, furchtlos, obwohl sie wußte, woran ich dachte, sagte lachend: »Nicht viel. Ich habe ihn geliebt, und du bist ein Hund und ein Viehdieb, der bei der Nacht kommt. Schlag zu!« Und ich, immer noch geblendet von ihrer Schönheit – denn, o mein Freund, die Frauen der Abazai sind sehr schön –, ich sagte: »Hast du keine Angst?« Und sie sagte: »Keine – als daß ich nicht gleich sterbe.« Da sagte ich: »Habe keine Angst.« Und sie neigte den Kopf, und ich schlug ihn vom Wirbelknochen herunter, daß er zwischen meine Füße sprang. Dann kam die Wut meines Volkes über mich, und ich hackte ihr die Brüste ab, damit die Leute von Little Malikand ihr Verbrechen wissen sollten, und warf die Leiche in das Wasser, das zum Kabul fließt. *Dray wara yow dee! Dray wara yow dee!* Die Leiche ohne Kopf, die Seele ohne Licht, und mein eigenes verdunkeltes Herz – alle drei sind eins, alle drei sind eins!

In dieser Nacht ging ich ohne Rast nach Ghor

und fragte nach Daoud Shah. Die Leute sagten: »Er ist nach Pubbi gegangen, Pferde zu holen. Was willst du von ihm? Es ist Friede zwischen den Dörfern.« Ich gab zur Antwort: »Jawohl! Der Friede des Verrats, und die Liebe, die der Teufel Atala zu Gurel hatte.« Dann feuerte ich dreimal ins Tor und lachte und ging meines Wegs.

In diesen Stunden, Bruder und meines Herzens Herzensfreund, waren der Mond und die Sterne wie Blut über mir, und in meinem Munde war der Geschmack von trockener Erde. Auch brach ich kein Brot, und mein Getränk war der Regen des Tales von Ghor auf meinem Antlitz.

In Pubbi fand ich Mahbub Ali, den Schreiber, der auf seinem Schemel saß, und gab meine Waffen ab, nach eurem Gesetz. Aber es bekümmerte mich nicht, denn ich hatte in meinem Herzen beschlossen, Daoud Shah mit meinen bloßen Händen zu töten, so – wie ein Mann ein Bund Rosinen quetscht. Mahbub Ali sagte: »Daoud Shah ist eben eilig nach Peshawar gegangen, und er will seine Pferde mitnehmen auf der Straße nach Delhi, denn es heißt, daß die Bombay-Straßenbahn-Kompanie Pferde aufkauft, waggonweise sogar; acht Pferde auf jeden Waggon.« Und das war die Wahrheit.

Da sah ich, daß die Jagd keine Kleinigkeit sein würde, denn der Mann war in euer Gebiet gegangen, um sich vor meiner Wut zu retten. Soll er sich damit retten? Lebe ich nicht? Wenn er auch nach

Norden läuft bis zum Dora und bis zum Schnee, oder nach Süden bis ans schwarze Wasser, ich will ihm folgen, wie ein Liebender den Spuren seiner Gebieterin folgt, und wenn ich ihn finde, will ich ihn zärtlich – oh, so zärtlich – in meine Arme nehmen und sagen: »Gutes hast du getan und mit Gutem wirst du belohnt.« Und aus dieser Umarmung soll Daoud Shah nicht herauskommen mit Atem in seinen Nüstern. *Auggrh!* Wo ist der Krug? Ich bin durstig wie eine Mutterstute im ersten Monat.

Euer Gesetz! Was ist mir euer Gesetz? Wenn die Pferde kämpfen auf der Weide, fragen sie da nach den Grenzpfählen; oder zaudern die Geier, weil das Aas im Schatten des Ghor Kuttri liegt? Die Sache begann außerhalb der Grenze. Sie wird enden, wo es Gott gefällt. Hier oder in meiner Heimat oder in der Hölle. Alle drei sind eins.

Hör nun, der du den Kummer meines Herzens teilst, und ich will dir von der Verfolgung erzählen. Ich folgte von Pubbi nach Peshawar und ging in den Straßen von Peshawar herum wie ein heimatloser Hund und suchte meinen Feind. Einmal glaubte ich ihn zu sehen, wie er seinen Mund in der Rinne auf dem großen Platz wusch, aber wie ich herzukam, war er fort. Mag sein, daß er es war und daß er beim Anblick meines Gesichtes geflohen ist.

Ein Mädchen im Bazar sagte, er wolle nach Nowshera gehen. Ich sagte: »O Herzensherz, kommt Daoud Shah, dich zu besuchen?« Und sie sagte: »Gewiß.« Ich sagte: »Ich würde ihn gern sehen, denn wir sind Freunde, die seit zwei Jahren getrennt sind. Verstecke mich, bitte, hier im Schatten des Fensterladens und ich will warten, bis er kommt.« Und das Mädchen sagte: »O Pathan, sieh mir in die Augen.« Und ich drehte mich um und schwor, daß ich die Wahrheit Gottes spreche. Aber sie erwiderte: »Nie hat ein Freund den Freund mit solchen Augen erwartet. Belüge Gott und den Propheten, aber ein Weib kannst du nicht belügen. Geh weg! Es soll Daoud Shah mit meiner Hilfe kein Leid geschehen.«

Ich hätte das Mädchen erwürgen mögen, hätte ich nicht eure Polizei gefürchtet; denn dann wäre es mit der Verfolgung aus gewesen. Drum lachte ich nur und ging fort, und sie lehnte auf dem Fensterbrett in der Nacht und spottete über mich die Straße entlang. Ihr Name ist Jamun. Wenn ich meine Rechnung mit dem Manne gemacht habe, will ich zurückgehen nach Peshawar und – ihre Liebhaber sollen sie nicht mehr um ihrer Schönheit willen begehren. Sie soll nicht Jamun sein, sondern *Ak*, der Krüppel unter den Bäumen. Ha, ha! *Ak* soll sie sein!

In Peshawar kaufte ich die Pferde und die Trauben und die Mandeln und Rosinen und dürre Früchte, damit der Grund meiner Wanderungen der Regierung klar wäre und mir kein Hindernis auf dem Wege begegnete. Aber als ich nach Nowshera kam, war er weg, und ich wußte nicht, wohin ich gehen sollte. Ich blieb einen Tag in Nowshera, und in der Nacht sprach eine Stimme in meinen Ohren, als ich zwischen den Pferden schlief. Die ganze Nacht flog sie um meinen Kopf und hörte nicht auf zu flüstern. Ich schlief auf dem Bauch, wie die Teufel schlafen, und es mag sein, daß die Stimme eine Teufelsstimme war. Sie sagte: »Geh nach Süden, und du wirst Daoud Shah finden.« Höre zu, mein Bruder und Oberster unter den Freunden – höre zu! Ist die Geschichte lang? Denke, wie lang sie für mich war. Ich bin jede Meile der Straße von Pubbi bis an diesen Ort Schritt für Schritt gegangen; und seit Nowshera war mein Führer nur jene Stimme und die Gier nach Rache.

An den Uttock kam ich, aber er war kein Hindernis für mich. Ha, ha! Ein Mensch kann noch Witze machen in seiner Not. Der Uttock war kein *Uttock** für mich; und ich hörte die Stimme durch das Getöse des Wassers, das an den Felsen schlug, und sie sagte: »Geh nach rechts.« So ging ich nach Pindigheb, und in den Tagen wurde mir der Schlaf völlig geraubt, und der Kopf des Weibes von Abazai war vor mir Tag und Nacht, so wie er mir zwischen die Füße gefallen war. *Dray wara yow dee! Dray wara yow dee!* Feuer, Asche

* Hindernis.

und mein Lager – alle drei sind eins – alle drei sind eins!

Nun war ich weit von dem Winterweg der Händler, die nach Sialkot gegangen waren, und schon südlich von der Bahn und der großen Chaussee zu den Garnisonen; aber es war ein Sahib im Lager von Pindigheb, der eine weiße Stute von mir kaufte, um einen guten Preis, und mir sagte, ein Daoud Shah sei mit Pferden nach Shahpur gezogen. Da sah ich, daß die Mahnung der Stimme wahr gewesen war, und beeilte mich, zu den Salt Hills zu kommen. Der Jhelum war ausgetreten, aber ich konnte nicht warten, und beim Übersetzen wurde mir ein rotbrauner Hengst abgeschwemmt und versoff. Da war Gott streng zu mir – nicht wegen des Tieres, danach fragte ich nichts – aber in meiner Verfolgung. Während ich auf dem rechten Ufer war und die Pferde in das Wasser trieb, war Daoud Shah auf dem linken gewesen, denn – *Alghias! Alghias!* – die Hufe meiner Stute zerstäubten die heiße Asche seiner Feuer, als wir im Morgengrauen auf dieses Ufer kamen. Aber er war geflohen. Seine Füße waren flink von den Schrecken des Todes. Und ich zog von Shahpur nach Süden, wie der Geier fliegt. Ich wagte nicht abzuweichen, um nicht meine Rache zu verfehlen – die mein Recht ist. Von Shahpur ging ich längs dem Jhelum, denn ich dachte, er würde die Wüste von Rechna vermeiden. Aber dann bei Sahiwal wandte ich mich auf die Straße nach Jhang, Samundri und Gugera, bis eines Nachts meine schekkige Stute an die Schranke der Bahn nach Montgomery stieß. Und dieser Ort war Okara, und der Kopf des Weibes von Abazai lag auf dem Sande zwischen meinen Füßen.

Von dort ging ich nach Fazilka und man sagte mir, ich sei wahnsinnig, verhungerte Pferde dahin zu bringen. Die Stimme war mit mir, und ich war *nicht* wahnsinnig, sondern nur erschöpft, weil ich Daoud Shah nicht finden konnte. Es stand geschrieben, daß ich ihn auch nicht in Rania und in Bahadurgarh finden sollte, und ich kam nach Delhi von Westen und ich fand ihn auch dort nicht. Mein Freund, ich habe viele seltsame Dinge auf meinen Wanderungen gesehen. Ich habe Teufel gesehen, die durch die Rechna tobten, wie die Hengste toben im Frühjahr. Ich habe die *Djinns* einander rufen hören aus den Sandhöhlen und habe sie vor meinem Gesicht vorüberschwirren sehen. Es gibt keine Teufel, sagen die Sahibs? Sie sind sehr weise, aber sie wissen nicht alles von Teufeln – oder Pferden. Ha, ha! Ich sage dir, der du über mein Elend lachst, daß ich die Teufel am hellen Mittag schreiend und hüpfend auf den Dünen des Chenab gesehen habe. Ob ich mich fürchtete? Mein Bruder, wenn das Verlangen eines Mannes nur auf eines gerichtet ist, dann fürchtet er weder Gott noch Mensch noch Teufel. Wenn meine Rache versagte, würde ich die Tore des Paradieses mit dem Kolben meiner Büchse sprengen oder mir den Weg in die Hölle mit meinem Messer schneiden, und ich würde von denen, die dort herrschen, die Leiche des Daoud Shah fordern. Gibt es eine Liebe so tief wie der Haß?

Sprich nicht. Ich kenne den Gedanken in deinem Herzen. Ist das Weiße dieses Auges getrübt? Wie schlägt das Blut am Gelenk der Hand? Es ist kein Wahnsinn in meinem Fleisch, sondern nur die Wucht des Verlangens, das mich verzehrt hat. Hör zu!

Südlich von Delhi kannte ich das Land gar nicht. Darum kann ich nicht sagen, wohin ich ging, aber ich kam durch viele Städte. Ich wußte nur, daß mir befohlen war, nach Süden zu gehen. Wenn die Pferde nicht mehr laufen konnten, warf ich mich auf die Erde und erwartete den Tag. Es kam kein Schlaf zu mir auf dieser Reise; und das war eine schwere Last. Kennst du, mein Bruder, die Qual des Wachseins, das sich nicht lösen will – wenn die Knochen schmerzen vor Schlaflosigkeit und die Haut der Schläfen vor Ermattung schrumpft, und doch – kein Schlaf – kein Schlaf? *Dray wara yow dee! Dray wara yow dee!* Das Auge der Sonne, das Auge des Mondes und mein eigenes ruhloses Auge – alle drei sind eins – alle drei sind eins!

Da gab es eine Stadt, deren Namen ich vergessen habe, und in der rief die Stimme die ganze Nacht.

Das war vor zehn Tagen. Sie hat mich wieder betrogen.

Ich bin hierhergekommen von einem Ort, der hieß Hamirpur, und sieh, es ist mein Schicksal, daß ich dich treffen sollte zu meiner Labsal und zum Gedeihen der Freundschaft. Das ist ein gutes Omen. Von der Freude, dein Gesicht anzusehen, ist die Mattigkeit aus meinen Füßen verschwunden, und der Kummer meiner so langen Reise ist vergessen. Auch mein Herz hat Frieden; denn ich weiß, das Ende ist nahe.

Vielleicht werde ich Daoud Shah in dieser Stadt finden, auf dem Wege nach Norden, denn der Hochländer wendet immer um nach den Bergen, wenn der Frühling ruft. Und soll er die Berge unseres Landes wiedersehen? Gewiß hole ich ihn ein! Gewiß ist meine Rache sicher! Gewiß bewahrt Gott ihn in seiner hohlen Hand für mich. Kein Leid wird Daoud Shah geschehen, bis ich komme; denn ich möchte ihn gern frisch und heil töten, solang das Leben fest in seinem Leibe sitzt. Der Granatapfel ist am süßesten, wenn die Kloben widerwillig von der Schale brechen. Möchte es am Tage sein, daß ich sein Gesicht sehen kann und mein Genuß vollkommen sei.

Und wenn ich dies vollbracht habe und meine Ehre rein ist, dann werde ich Gott Dank sagen, ihm, der die Waage des Rechts hält, und werde schlafen. Eine Nacht und einen Tag und wieder bis in die Nacht werde ich schlafen; und kein Traum soll mich stören.

Und nun, o mein Bruder, ist die Geschichte aus. *Ahi! Ahi! Alghias! Ahi!*

Überschwemmung

Tweed sprach zu Till:
»Was fließt du so still?«
Till sprach zu Tweed:
»Wenn du auch hurtig läufst,
Ich fließe gemach vorbei –
Doch wo du einen ersäufst,
Ersäufe ich zwei.«

Heut abend geht es nicht über den Fluß, Sahib. Man sagt, ein Ochsenkarren sei schon heruntergespült worden, und die *Ekka*, die eine halbe Stunde vor dir hinüberging, ist noch nicht drüben. Hat es der Sahib eilig? Ich will den Furtelefanten hineintreiben und es ihm zeigen. Heda! ihr Kerle im Schuppen! Bringt Ram Pershad heraus, und wenn er es mit der Strömung aufnimmt, dann gut. Ein Elefant lügt niemals, Sahib, und Ram Pershad ist von seinem Freund Kala Nag getrennt. Er will auch hinüber. Gut so! gut so! mein König! Reite halbwegs hinein, *Mahoutji,* und sieh, was der Fluß sagt. Gut so, Ram Pershad! Perle unter den Elefanten, geh in den Fluß! Hau ihn auf den Kopf, du Rindvieh! Glaubst du, der Stachel ist nur dazu da, um dir den feisten Rücken zu kitzeln, du Bastard? Schlag zu, schlag zu! Was machen dir die Steine, Ram Pershad, mein Rustum, mein Berg von Kraft? Hinein! Hinein!

Nein, Sahib! Es hat keinen Zweck. Du kannst ihn trompeten hören. Er sagt Kala Nag, daß er nicht hinüber kann. Sieh! Er hat sich umgewandt und schüttelt den Kopf. Er ist nicht dumm. Er weiß, was der Barhwi meint, wenn er böse ist. Aha! Wahrlich, du bist nicht dumm, mein Kind! *Salaam*, Ram Pershad, Bahadur! Nimm ihn unter die Bäume, *Mahout*, und sieh, daß er seine Kräuter kriegt. Gut gemacht, du Herrscher unter den Langzahnigen! *Salaam* dir, Sirkar, und geh schlafen.

Was soll man machen? Der Sahib muß warten, bis der Fluß zurückgeht. Er wird morgen früh fallen, wenn es Gott gefällt, oder übermorgen spätestens. Was wird der Sahib so böse? Ich bin sein Diener. Bei Gott, nicht ich habe diesen Strom geschaffen. Was kann ich tun? Meine Hütte und alles darinnen ist dem Sahib zu Diensten, und es fängt zu regnen an. Komm fort, mein Herr. Wie soll der Fluß davon sinken, daß du ihn mit Schimpfworten bewirfst? In alten Zeiten waren die englischen Leute nicht so. Der Feuerwagen hat sie empfindlich gemacht. In alten Zeiten, als sie mit Pferden reisten, bei Tage und bei Nacht, da sagten sie nichts, wenn ein Fluß den Weg sperrte oder ein Wagen im Schlamm festsaß. Es war Gottes Wille – nicht wie ein Feuerwagen, der läuft und läuft und läuft, wenn auch alle Teufel des Landes sich an seinen Schwanz hängen. Der Feuerwagen hat die englischen Leute verdorben. Was ist schließlich ein versäumter Tag, oder meinetwegen zwei Tage? Fährt der Sahib zu seiner eigenen Hochzeit, daß er in so rasender Eile ist? Ha, ha, ha. Ich bin ein alter Mann und sehe wenig Sahibs. Verzeih mir, wenn ich vergessen habe, welchen Respekt ich ihnen schuldig bin. Der Sahib ist doch nicht böse?

Die eigene Hochzeit! Hahaha. Der Geist eines alten Mannes ist wie der *Numah*-Baum. Frucht, Knospe, Blüte und die toten Blätter aller vergangenen Jahre prangen beieinander. Altes und Neues und was aus dem Gedächtnis verschwunden ist, alle drei sind darin. Setz dich auf das Bett, Sahib, und trink Milch. Oder – möchte der Sahib vielleicht meinen Tabak trinken? Er ist gut. Es ist Tabak von Nuklao. Mein Sohn, der dort im Dienst ist, hat ihn mir geschickt. Trink nur, Sahib, wenn du mit dem Rohr umzugehen weißt. Der Sahib faßt es wie ein Muselman. Wai, wai. Wo hat er das gelernt? Die eigene Hochzeit. Würde wohl der Sahib die Wahrheit zu mir sagen, der ich nur ein schwarzer Mann bin? Kein Wunder also, daß er es eilig hat. Dreißig Jahre habe ich an dieser Furt den Gong geschlagen, aber nie habe ich einen Sahib so eilig gesehen. Dreißig Jahre, Sahib! Das ist eine sehr lange Zeit. Vor dreißig Jahren ging durch diese Furt die Leinstraße der *Bunjara*, und ich habe zweitausend Packochsen in einer Nacht übergehen sehn. Nun sind die Schienen gekommen, und der Feuerwagen sagt buss-buss-buss, und Tausende von Ballen gleiten über diese Brücke. Es ist wunderbar; aber die Furt ist nun einsam, seit keine *Bunjara* mehr unter den Bäumen lagern.

Nein, müh dich nicht, den Himmel draußen anzuschaun. Es wird bis zur Dämmerung weiter regnen. Die Steine reden heute nacht im Flußbett. Hör sie! Sie würden jetzt deine Knochen schälen, Sahib, wenn du versucht hättest, überzusetzen. Komm, ich will die Türe schließen, dann kann kein Regen herein. *Wahi! Ahi! Ugh!* Dreißig Jahre an den Ufern der Furt. Ein alter Mann bin ich und – wo ist das Öl für die Lampe?

Verzeihung, bei meinen Jahren schlafe ich nicht fester als ein Hund, und du wandtest dich zur Türe. Schau nur nach, Sahib. Schau und horche. Eine volle halbe Meile von Ufer zu Ufer ist der Strom jetzt – du kannst es sehen unter den Sternen –, und zehn Fuß tief Wasser ist darin. Er fällt nicht vom Zorn in deinen Augen und wird nicht stille von deinen Flüchen. Was ist lauter, Sahib – deine Stimme oder die Stimme des Flusses? Rufe ihn an – vielleicht wird er sich schämen. Lege dich hin, Sahib, und schlafe wieder. Ich kenne den Zorn des Barhwi, wenn der Regen in den Vorbergen gefallen ist. Ich bin einmal in der Flut geschwommen, in einer Nacht, die zehnmal schlimmer war als diese, und durch die Gnade Gottes wurde ich vom Tode errettet, als ich schon dicht an seine Pforte gekommen war.

Soll ich die Geschichte erzählen? Es ist eine gute Geschichte. Ich werde die Pfeife wieder füllen.

Es war vor dreißig Jahren, als ich noch ein junger Mann und erst jüngst an die Furt gekommen war. Ich war damals stark, und die *Bunjara* zweifelten nicht, wenn ich sagte: »Die Furt ist klar!« Ich habe geschafft die ganze Nacht, bis an die Schulterblätter im strömenden Wasser unter hundert Ochsen, die wild waren vor Angst, und habe sie durchgebracht, ohne auch nur einen Huf zu verlieren. Wenn alles getan war, holte ich die zitternden Männer, und sie gaben mir zum Dank, was ich wollte von ihrem Vieh – den ersten Bullen der Herde. Solche Ehre erfuhr ich! Aber heute, wenn der Regen fällt und der Fluß schwillt, krieche ich in meine Hütte und winsele wie ein Hund. Meine Kraft ist weg. Ich bin ein alter Mann, und der Feuerwagen hat die Furt verödet. Sie pflegten mich den Starken von Barhwi zu nennen.

Betrachte mein Gesicht, Sahib – es ist das Gesicht eines Affen. Und meinen Arm – er ist eines alten Weibes Arm. Ich schwöre dir, Sahib, daß eine Frau dieses Gesicht geliebt und in der Höhlung dieses Armes geruht hat. Vor zwanzig Jahren, Sahib. Glaube mir, es ist die Wahrheit – vor zwanzig Jahren.

Komm an die Tür und schau hindurch. Kannst du ein schwaches Feuer sehen, sehr weit weg den Strom hinab? Das ist das Tempelfeuer in dem Schrein Hanumans, in dem Dorfe Pateera. Nördlicher, unter dem großen Stern, liegt das Dorf selbst, aber es ist hinter einer Krümmung des Flusses versteckt. Ist es weit, dahin zu schwimmen, Sahib? Würdest du deine Kleider ausziehn und es wagen? Und doch bin ich nach Pateera geschwommen – nicht einmal, sondern viele Male; und dabei gibt es auch Krokodile in dem Fluß.

Die Liebe kennt keine Kaste; wie hätte ich sonst als Muselman und Sohn eines Muselmanen eine Hindufrau begehrt – die Witwe eines Hindus – die Schwester des Obmanns von Pateera? Und doch war es so. Die Leute des Obmanns kamen auf einer Pilgerfahrt nach Muttra hier vorüber, als sie eben Braut war. Silberner Zierat war an den Rädern des Ochsenkarrens, und seidene Vorhänge verbargen die Frau. Sahib, ich eilte nicht, sie zu befördern, denn der Wind teilte die Vorhänge, und ich sah sie. Als sie von der Pilgerfahrt heimkehrten, war der Bursch, der ihr verlobt war, gestorben, und ich sah sie wieder in dem Ochsenkarren. Bei Gott, diese Hindus sind Tröpfe. Was bedeutete mir das, ob sie Hindu war oder Jain – Straßenkehrer, aussätzig oder gesund? Ich hätte sie geheiratet und ihr ein

Heim gegeben an der Furt. Die siebente der neun Satzungen sagt, daß ein Mann keine von den Götzendienern heiraten soll? Ist das wahr? Die Schiiten und die Sunniten sagen beide, daß ein Muselman keine von den Götzendienern heiraten soll? Ist der Sahib denn ein Priester, daß er so viel weiß? Ich will ihm etwas sagen, was er nicht weiß. Es gibt nicht Schiiten oder Sunniten, Verbote oder Götzendiener in der Liebe; und die neun Satzungen sind nur neun kleine Reisigruten, die die Flamme der Liebe wie nichts verbrennt. Wahrlich, ich hätte sie genommen; aber was konnte ich tun? Der Obmann hätte seine Leute geschickt, mir mit Knüppeln den Kopf zu zerschmettern. Ich bin nicht – war nicht – ängstlich vor fünf Männern; aber wer kann bestehen gegen ein halbes Dorf?

Drum hatte ich die Gewohnheit, nachdem alles das zwischen uns zweien beredet war, bei Nacht zum Dorf Pateera zu gehen, und dort trafen wir uns in den Feldern, und keiner wußte etwas davon. Nun paß auf! Ich setzte hier über, an dem Dschungel entlang zu der Krümmung des Flusses, wo die Eisenbahnbrücke ist, und dann quer über die Landzunge nach Pateera. Das Licht des Schreines war mein Führer, wenn die Nacht dunkel war. Der Dschungel am Fluß ist voll von Schlangen – den kleinen *Karaits,* die auf dem Lande schlafen –, und außerdem hätten ihre Brüder mich erschlagen, wenn sie mich in den Feldern gefunden hätten.

Aber niemand wußte etwas – niemand, nur sie und ich; und der Triebsand des Flußbettes bedeckte die Spuren meiner Füße. In den heißen Monaten war es ein leichtes, von der Furt nach Pateera zu kommen, und in der ersten Regenzeit, wenn der Fluß sachte stieg, war es auch ein leichtes. Ich stemmte meine Kraft gegen die Kraft des Stromes, und jede Nacht aß ich hier in meiner Hütte und trank drüben in Pateera. Sie hatte mir gesagt, daß ein gewisser Hirnam Singh, ein Dieb, ihr nachging, und er war aus einem Dorfe flußauf, aber auf dem gleichen Ufer. Die Sikhs sind alle Hunde, und sie verschmähen in ihrer Dummheit die gute Gottesgabe, den Tabak. Ich war bereit, Hirnam Singh umzubringen, sowie er nur in in ihre Nähe gekommen wäre; besonders, weil er ihr geschworen hatte, daß sie einen Liebhaber habe und daß er ihm aufpassen und seinen Namen dem Obmann sagen wolle, wenn sie nicht mit ihm davonginge. Solche Köter sind diese Sikhs!

Nach diesen Nachrichten schwamm ich immer mit einem kleinen scharfen Messer im Gürtel, und schlimm wäre es dem Manne ergangen, der sich mir widersetzt hätte. Ich kannte das Gesicht des Hirnam Singh nicht, aber ich hätte jeden getötet, der zwischen mich und sie gekommen wäre.

Eines Nachts im Anfang des Regens wollte ich nach Pateera übersetzen, obwohl der Fluß zornig war. Nun hat aber der Barhwi seine eigene Art,

Sahib. In zwanzig Atemzügen kommt er von den Bergen herab wie eine Wand, drei Fuß hoch, und ich habe ihn gesehen, wie er zwischen Feuermachen und Grützekochen angewachsen ist von einem Bach zu einem Bruder Jumnas.

Als ich dies Ufer verließ, war eine Sandbank eine halbe Meile abwärts, und ich bog ab, um sie zu erreichen und Atem zu schöpfen, ehe ich weiterschwamm; denn ich fühlte, wie die Hand des Flusses schwer auf meinen Fersen lag. Aber was tut nicht ein junger Mann um der Liebe willen. Es kam nur wenig Licht von den Sternen, und auf halbem Wege zur Sandbank fuhr mir ein Zweig von dem stinkenden Deodar-Baum über den Mund, während ich schwamm. Das war ein Zeichen von starkem Regen in den Vorbergen und weiter oben, denn der Deodar ist ein kräftiger Baum und von der Bergseite nicht leicht zu schütteln. Ich eilte und der Fluß half mir, aber ehe ich die Sandbank erreicht hatte, schlug der Puls der Strömung heftig in mir und ringsum, und denke dir, die Sandbank war weg, und ich ritt hoch auf dem Kamm einer Welle dahin, die von einem Ufer zum anderen reichte. Ist der Sahib jemals mitten in vielem Wasser gewesen, welches kämpft und einen Mann seine Glieder nicht will brauchen lassen? Mir, da ich nur den Kopf über Wasser hatte, schien es so, als gäbe es nichts als Wasser bis an das Ende der Welt, und der Fluß trug mich zusammen mit seinem Treibholz. Ein Mensch ist ein sehr kleines Ding in dem Schoß einer Flut. Und *diese* Flut, obwohl ich das nicht wußte, war die große Flut, von der die Menschen heute noch sprechen. Mein Lebensmut war gebrochen, und ich lag wie ein Klotz auf meinem Rücken, in Todesfurcht. Es waren lebendige Dinge im Wasser, die schrien und heulten jämmerlich – Tiere des Waldes und Vieh und einmal die Stimme eines Mannes, die um Hilfe rief. Aber der Regen kam und peitschte das Wasser weiß, und ich hörte nichts weiter als das Toben der Steine und das Toben des Regens oben. So wirbelte ich stromab, nach Atem ringend. Es ist sehr hart zu sterben, wenn man jung ist. Kann der Sahib von hier aus die Eisenbahnbrücke sehen? Da sieh, da sind die Lichter des Postzuges nach Peshawar! Die Brücke ist jetzt zwanzig Fuß über dem Fluß, aber in der Nacht tobte das Wasser gegen das Gitterwerk, und ich trieb gegen das Gitter, die Füße voraus. Aber es war viel Treibholz angestaut, dort und an den Pfeilern, und ich tat mir nicht viel Schaden. Der Fluß preßte mich aber, wie ein starker Mann einen schwächeren preßt. Ich konnte kaum das Gitter fassen und auf das Geländer klettern. Sahib, das Wasser schäumte einen Fuß tief über die Schienen! Urteile danach, was für eine Flut es gewesen sein muß. Ich konnte nicht hören. Ich konnte nicht sehen. Ich konnte nur auf dem Geländer liegen und nach Atem keuchen.

Nach einer Weile hörte der Regen auf, und am Himmel kamen einige reingewaschene Sterne hervor, und in ihrem Schimmer sah ich, daß es kein Ende des schwarzen Wassers gab, soweit das Auge schweifen konnte, und das Wasser bis über die Schienen gestiegen war. Tote Tiere waren in dem Treibholz an den Pfeilern, andere staken mit den Hälsen im Gitterwerk, andere, noch nicht ertrunken, mühten sich, im Gitterwerk Fuß zu fassen – Büffel und Kühe, Wildschweine und ein oder zwei Hirsche, und Schlangen und Schakale ohne Zahl. Es war schwarz von ihren Leibern auf der einen Seite der Brücke, die kleineren aber wurden durch das Gitter gedrängt und wirbelten stromab.

Darauf verloschen die Sterne, und Regen kam aufs neue herunter, und der Fluß schwoll noch mehr, und ich fühlte, wie die Brücke sich unter mir zu bewegen begann, so, wie ein Mann sich im Schlafe bewegt, ehe er erwacht. Aber ich fürchtete mich nicht, Sahib. Ich schwöre dir, ich fürchtete mich nicht, obgleich ich keine Kraft in meinen Gliedern hatte. Ich wußte, daß ich nicht sterben würde, ohne sie noch einmal gesehen zu haben. Aber ich war sehr kalt, und ich fühlte, daß die Brücke weichen würde.

Es war ein Zittern im Wasser, so ein Zittern, wie es einer großen Woge vorangeht, und die Brücke hob ihre Flanke gegen den kommenden Stoß, so daß das rechte Geländer unter Wasser tauchte und das linke aufragte. Bei meinem Bart, Sahib, ich spreche die Wahrheit Gottes! Wie eine Steinbarke in Mirzapore sich in den Wind dreht, so drehte sich die Barhwi-Brücke. So und nicht anders.

Ich glitt von dem Geländer in das tiefe Wasser, und hinter mir wogte die Wut des Flusses. Ich hörte seine Stimme und das Kreischen des Mittelstücks der Brücke, wie es von den Pfeilern brach und sank, und dann wußte ich nichts mehr, bis ich mich inmitten der großen Flut emporhob. Ich reckte meine Hand aus, um zu schwimmen, und sieh da! sie traf auf das verknotete Haar eines Männerkopfes. Er war tot, denn keiner außer mir, dem Starken vom Barhwi, konnte in diesem Rasen lebendig bleiben. Er war schon volle zwei Tage tot, denn er schwamm obenauf und wälzte sich und war mir eine Hilfe. Da lachte ich, denn ich wußte nun gewiß, daß ich sie wiedersehen und nicht umkommen würde; und ich flocht meine Finger in das Haar des Mannes, denn ich war ermattet, und so fuhren wir zusammen den Strom hinunter – er, der Tote, und ich, der Lebende. Ohne diese Hilfe wäre ich untergesunken, die Kälte saß mir im Mark, und mein Fleisch war geschrumpft und mürbe auf meinen Knochen. Er aber fürchtete sich nicht, der das Schlimmste von der Gewalt des Flusses erfahren hatte; und ich ließ ihn fahren, wohin er wollte. Zuletzt gerieten wir in die Macht einer Nebenströmung, die an das rechte Ufer zog, und ich mühte mich mit den Füßen, um mit ihr zu kommen. Der tote Mann aber schwang heftig in dem Wirbel herum, und ich fürchtete, daß ihn irgendein Ast getroffen hätte und er sinken würde. Die Wipfel der Tamarisken kratzten meine Knie; so wußte ich, daß wir ins übergetretene Wasser über den Feldern gekommen waren, und dann ließ ich meine Beine hinunter und fühlte Grund – den Rain eines Feldes –, und dann blieb der tote Mann an einem Hügel unter einem Feigenbaum stecken, und ich zog freudig meinen Leib aus dem Wasser.

Weiß der Sahib, wohin der Widerstrom der Flut mich getragen hatte? Zu dem Hügel, der die östliche Flurgrenze des Dorfes Pateera ist. Zu keinem anderen Ort. Ich zog den Toten herauf aufs Gras für den Dienst, den er mir geleistet hatte, und auch, da ich nicht wußte, ob ich ihn wieder brauchen würde. Dann ging ich, dreimal wie ein Schakal rufend, zu dem bestimmten Platz, nahe dem Kuhstall beim Gehöft des Obmanns. Aber meine Liebste war schon dort und weinte. Sie fürchtete, die Flut hätte meine Hütte an der Barhwi-Furt fortgeschwemmt. Als ich leise durch das knöcheltiefe Wasser herankam, dachte sie, ich sei ein Geist, und sie wäre davongelaufen, aber ich legte meine Arme um sie und – ich war kein Geist zu der Zeit, obwohl ich heute ein alter Mann bin. Ha, ha!

Trocken Korn, wahrhaftig. Mais ohne Saft. Ha! ha*!

Ich erzählte ihr die Geschichte von dem Sturz der Barhwi-Brücke, und sie sagte, ich sei größer als irgendein Sterblicher – denn keiner könne bei voller Flut über den Barhwi setzen – und habe gesehen, was noch nie ein Mensch gesehen habe. Hand in Hand gingen wir zu dem Hügel, wo der Tote lag, und ich zeigte ihr, mit wessen Hilfe ich übergesetzt war. Sie sah auch den Leichnam an im Licht der Sterne, denn der übrige Teil der Nacht war klar, und verbarg ihr Gesicht in ihren Händen und rief: »Es ist die Leiche von Hirnam Singh!« Ich sagte: »Das Schwein taugt tot mehr als lebendig, meine Geliebte«, und sie sagte: »Sicher, denn er hat meiner Liebe das teuerste Leben auf der Welt gerettet. Aber dennoch kann er nicht hier bleiben, denn das würde Schande über mich bringen.« Die Leiche lag keinen Flintenschuß von ihrem Hause entfernt.

Dann sagte ich und rollte die Leiche mit meinen Händen: »Gott hat gerichtet zwischen uns, Hirnam Singh, daß dein Blut nicht auf mein Haupt fällt. Ob ich ein Unrecht getan habe, dich von der Hölle fernzuhalten, kannst du mit den Krähen zu-

* Leider muß ich sagen, daß der Wächter der Barhwi-Furt hier für zwei sehr schlechte Wortspiele im Dialekt verantwortlich ist. – R. K.

sammen ausmachen.« So warf ich ihn in die Strömung und er wurde ins Freie hinausgezogen, immer seinen dichten schwarzen Bart schüttelnd wie ein Priester auf der Kanzel. Und ich habe nie wieder etwas von Hirnam Singh gesehen.

Vor Anbruch des Tages trennten wir zwei uns und ich ging in einen Teil des Dschungels, der nicht überschwemmt war. Bei hellem Tag sah ich, was ich im Dunkeln getan hatte, und die Knochen bebten mir im Fleisch, denn es strömte, zwei Meilen breit, rasendes Wasser zwischen dem Dorf Pateera und den Bäumen des anderen Ufers, und in der Mitte starrten die Pfeiler der Barhwi-Brücke wie zerbrochene Zähne in den Kinnbacken eines alten Mannes. Es war nichts Lebendes auf dem Wasser – keine Vögel oder Boote, nur ein Heer von Ertrunkenen – Büffel und Pferde und Menschen – und der Fluß war röter als Blut von dem Lehm der Berge. Niemals habe ich eine solche Flut gesehen – niemals seit dem Jahr habe ich etwas Ähnliches gesehen – und, o Sahib, kein lebender Mensch hatte das getan, was ich getan hatte. Es gab für mich keine Rückkehr an dem Tage. Nicht für alle Länder des Obmanns hätte ich es ohne den Schutz der Dunkelheit, die die Gefahr verhüllt, ein zweites Mal gewagt. Ich ging eine Meile stromauf zu dem Hause eines Schmieds, sagte ihm, ich sei durch die Flut von meiner Hütte fortgeschwemmt worden, und sie gaben mir Nahrung. Sieben Tage blieb ich bei dem Schmied, bis ein Boot kam und ich zu meinem Hause zurückkehrte. Da war nicht die Spur einer Wand oder des Daches oder Bodens – nichts als ein Fleck von schleimigem Lehm. Urteile danach, Sahib, wie hoch der Fluß gestiegen sein muß.

Es stand nicht geschrieben, daß ich sterben sollte, weder in meinem Hause, noch im Herzen Barhwis, noch unter den Trümmern der Barhwi-Brükke, denn Gott schickte Hirnam Singh herab, zwei Tage tot – obschon ich nicht weiß, wie der Mann starb –, um meine Boje und meine Hilfe zu sein. Hirnam Singh ist diese zwanzig Jahre in der Hölle gewesen, und der Gedanke an jene Nacht muß die Würze seiner Qualen gewesen sein.

Horch, Sahib! Der Fluß hat seine Stimme verändert. Er wird bis zum Morgengrauen schlafen, und das ist noch eine Stunde. Wenn es hell ist, beginnt er aufs neue. Woher ich das weiß? Bin ich dreißig Jahre hier gewesen und kennte nicht die Stimme des Flusses, wie ein Vater die Stimme seines Sohnes kennt? Jeden Augenblick redet er weniger zornig. Ich schwöre, daß keine Gefahr ist eine Stunde lang oder vielleicht zwei. Wie der Morgen sein wird, dafür stehe ich nicht ein. Mach schnell, Sahib! Ich werde Ram Pershad rufen, und er wird diesmal nicht umkehren. Ist der Strick fest geschnürt um alles Gepäck? Ohe, *Mahout,* du hohler Schädel, den Elefanten für den Sahib, und sage denen am andern Ufer, daß nach Tagesanbruch keiner herüber kann.

Geld? Nein, Sahib. So bin ich nicht. Nein, auch nicht, um den Kindern Leckereien zu geben. Mein Haus, siehst du, ist leer, und ich bin ein alter Mann.

Dutt, Ram Pershad! *Dutt, dutt, dutt!* Gut Glück auf den Weg, Sahib.

Gemini

Groß ist die Gerechtigkeit des weißen Mannes, größer die Macht einer Lüge.

Eingeborenensprichwort

Das ist deine englische Gerechtigkeit, Beschützer der Armen. Sieh auf meinen Rücken und meine Lenden, die von Stöcken zerschlagen sind – von schweren Stöcken! Ich bin ein armer Mann, und es gibt kein Recht in den Gerichtshöfen.

Unser waren zwei und wir wurden geboren in einer Geburt, aber ich schwöre, ich wurde zuerst geboren und Ram Daß ist jünger, um drei volle Atemzüge. Der Sterndeuter hat es gesagt und es steht geschrieben in meinem Horoskop – dem Horoskop von Durga Daß.

Aber wir waren uns gleich – ich und mein Bruder, der ein Vieh ohne Ehre ist – so gleich, daß keiner, auch wenn er beide sah, wußte, welcher Durga Daß war. Ich bin ein Mahajun aus Pali in Marwar und ein ehrlicher Mann. Das ist die Wahrheit. Als wir Männer wurden, verließen wir unseres Vaters Haus in Pali und gingen in den Punjab, wo alle Leute Dummköpfe und Eselssöhne sind. Wir machten ein Geschäft auf miteinander in Isser Jang – ich und mein Bruder – nahe bei dem großen Brunnen, wo das Lager des Gouverneurs Wasser holt. Aber Ram Daß, in dem keine Wahrheit ist, fing einen Streit an mit mir, und wir gingen auseinander. Er nahm seine Bücher mit und seine Töpfe und seinen Stempel und wurde ein *Bunnia** in der langen Gasse von Isser Jang, nahe beim Tore der Straße, die nach Montgomery geht. Es war nicht meine Schuld, daß wir uns den Turban zerrissen. Ich bin ein Mahajun aus Pali und ich sage immer die Wahrheit. Ram Daß war der Dieb und der Lügner.

Und es konnte kein Mensch, nicht einmal die kleinen Kinder, auf den ersten Blick sehen, welcher Ram Daß war und welcher Durga Daß. Alle Leute in Isser Jang – mögen sie sterben ohne Söhne! – sagten, wir seien Diebe. Sie machten viel üble Rede, aber ich machte mein Geld aus ihren Bettstellen und ihren Kochtöpfen und aus der Ernte auf dem Halm und dem Kalb in der Kuh, vom Brunnen auf dem großen Platz bis an das Tor der Straße nach Montgomery. Narren waren sie, diese Leute – nicht fähig, einem Marwari aus Pali die Fußnägel zu schneiden. Ich lieh ihnen allen Geld. Wenig, ganz wenig nur – hier eine Münze, da eine Münze. Gott ist mein Zeuge, ich bin ein armer Mann. Das ganze Geld ist bei Ram Daß – mögen seine Söhne Christen werden und seine Tochter ein brennendes Feuer und eine Schmach im Hause,

* Wechsler.

von Geschlecht zu Geschlecht! Möge sie ledig sterben und die Mutter von einer Schar von Bastarden sein! Das Licht soll verlöschen in dem Hause des Ram Daß, meines Bruders. Das bete ich täglich zweimal – mit Opfern und Zaubern. So fing das Übel an. Wir teilten die Stadt Isser Jang zwischen uns – ich und mein Bruder. Da gab es einen Gutsherrn außerhalb der Tore, der lebte nur eine knappe Meile vor der Stadt, an der Straße nach Montgomery, und sein Name war Muhammed Shah, Sohn des Nawab. Er war ein großer Prasser und trank Wein. Solange es nur Weiber in seinem Hause gab und Wein und Geld für Hochzeitsfeste, war er vergnügt und wischte sich den Mund. Ram Daß lieh ihm das Geld, ein Lakh oder ein halbes – was weiß ich? – und solange er Geld geliehen bekam, kümmerte es den Gutsherrn nicht, was er unterschrieb.

Das Volk von Isser Jang war mein Anteil, und der Gutsherr und die Vorstädte waren der Anteil von Ram Daß; so hatten wir das ausgemacht. Ich war der arme Mann, denn die Leute in Isser Jang hatten kein Vermögen. Ich machte, was ich konnte, aber Ram Daß brauchte nur vor dem Gartentor des Gutsherrn zu warten und ihm das Geld zu leihen und die Wechsel aus der Hand des Dieners zu nehmen.

Im Herbst des Jahres, in dem er ihm geliehen hatte, sagte Ram Daß zum Gutsherrn: »Gib mir mein Geld«, aber der Gutsherr gab ihm Schimpfworte. Ram Daß aber ging vors Gericht mit den Papieren und den Wechseln – alles in Ordnung – und holte sich einen Vollzugsbefehl gegen den Gutsherrn, und der Name der Regierung stand auf den Siegeln des Befehls. Ram Daß nahm ein Feld nach dem anderen und einen Mangobaum nach dem andren und einen Brunnen nach dem anderen; und tat seine Leute hinaus – Schuldner aus der Vorstadt von Isser Jang –, um die Pflanzungen zu bestellen. So rückte er vor über das Land, denn er hatte die Papiere, und der Name der Regierung war auf den Siegeln, bis seine Leute alle Pflanzungen für ihn genommen hatten und alles rings um das große weiße Haus des Gutsherrn. Es war recht so; aber als der Gutsherr das sah, wurde er sehr böse und fluchte auf Ram Daß nach der Art der Mohammedaner. Und so war also der Gutsherr böse, Ram Daß aber lachte und forderte noch mehr Felder, wie es in den Wechseln geschrieben stand. Das war im Monat Phagun. Ich nahm mein Pferd und ritt hinaus, mit dem Manne zu sprechen, der Lackfiguren macht auf der Straße nach Montgomery, denn er war mir schuldig. Vor mir ritt, auf seinem Pferde, mein Bruder Ram Daß. Und als er mich sah, wandte er sich zur Seite in die Pflanzung, denn es war Haß zwischen uns. Und ich ritt weiter, bis ich zu dem Orangengebüsch an dem Haus des Gutsherrn kam. Die Fledermäuse flogen schon, und der Geruch des Abends breitete sich tief über die Erde. Hier begegneten mir vier Männer – wilde Kerle und Mohammedaner – mit verbundenen Gesichtern und packten den Zaum meines Pferdes und riefen: »Das ist Ram Daß! Schlagt ihn!« Sie hieben auf mich los mit ihren Stöcken – schweren Stöcken, am Ende mit Draht umwickelt, wie sie die Schweine im Punjab als Waffe brauchen – bis ich, um Gnade schreiend, schließlich besinnungslos hinfiel. Aber diese schamlosen Hunde hieben weiter und riefen: »O Ram Daß, da hast du deine Zinsen – gut gewogen und gezählt, in deine Hand, Ram Daß.« Ich schrie laut, ich sei nicht Ram Daß, sondern Durga Daß, sein Bruder, aber sie schlugen mich nur um so mehr, und als ich keinen Schrei mehr tun konnte, ließen sie mich liegen. Aber ich sah ihre Gesichter. Da war Elahi Baksh, der neben dem weißen Pferde des Gutsherrn läuft, und Nur Ali, der Türhüter, und Wajib Ali, der riesige Koch, und Abdul Latif, der Bote – alle vom Gesinde des Gutsherrn. Das kann ich beschwören beim Schwanz der Kuh, wenn es sein muß – *Ahi! Ahi!* – es ist schon einmal beschworen worden, und ich bin ein armer Mann, der seine Ehre verloren hat.

Als diese viere mit Gelächter verschwanden, kam mein Bruder Ram Daß aus der Pflanzung und klagte über mir wie über einem Toten. Ich aber öffnete meine Augen und bat ihn, mir Wasser zu bringen. Als ich getrunken hatte, trug er mich auf seinem Rücken und brachte mich auf Nebenwegen in die Stadt Isser Jang. Mein Herz wandte sich zu Ram Daß, meinem Bruder, in dieser Stunde, für seine Güte, und ich verlor alle Feindschaft.

Aber eine Schlange ist eine Schlange, bis sie stirbt; und ein Lügner ist ein Lügner, bis das Gericht der Götter ihn an der Ferse packt. Ich irrte mich, als ich meinem Bruder vertraute – dem Sohne meiner Mutter.

Als er zu seinem Hause gekommen war und ich mich ein wenig erholt hatte, erzählte ich ihm meine Geschichte, und er sagte: »Ohne Zweifel bin ich es, den sie schlagen wollten. Aber das Gericht ist offen, und die Gerechtigkeit des Sirkar ist über allen; geh du zum Gericht, sobald diese Krankheit vorüber ist.«

Nun war aber, als wir zwei vor Jahren von Pali fortgingen, eine Hungersnot gewesen, von Jeysulmir bis nach Gurgaon und südlich bis nach Gogunda. Zu der Zeit kam die Schwester meines Vaters herüber und wohnte bei uns in Isser Jang; denn ein Mensch muß vor allem sehen, daß die Seinen nicht vor Mangel sterben. Als es zum Streit zwischen uns Zwillingen kam, da sagte die Schwester meines Vaters – eine dürre, zahnlose Hündin –, daß Ram Daß recht habe, und ging mit ihm. In ihre Hände – denn sie kannte Arzneien und Heilungen – gab mich Ram Daß, mein Bruder, ermattet von Schlägen und so zerquetscht, daß mir das

Blut aus dem Munde quoll. Als ich zwei Tage krank gewesen war, kam das Fieber über mich, und das Fieber setze ich auf die Rechnung, die bei mir im Geiste für den Gutsherrn geschrieben steht.

Die Punjabi von Isser Jang sind alle Söhne Belials und einer Eselin, aber sie sind sehr gute Zeugen, die ihr Zeugnis festhalten, unbekümmert um alles, was die Advokaten sagen. Ich wollte also Zeugen in Menge kaufen, und jeder sollte aussagen nicht nur gegen Nur Ali, Wajib Ali, Abdul Latif und Elahi Baksh, sondern auch gegen den Gutsherrn, daß er von seinem Pferde herab seinen Leuten befohlen habe, mich zu schlagen; und dann, daß sie mir zweihundert Rupien geraubt hätten. Für dies letzte Zeugnis wollte ich dem Manne, der die Lackfiguren verkauft, ein wenig von seiner Schuld ablassen, und er sollte sagen, er habe mir das Geld in die Hand gegeben und den Raub von weitem gesehen, sei aber aus Angst fortgelaufen. Diese Absicht sagte ich meinem Bruder Ram Daß; und er sagte, der Entwurf sei gut, und ich solle es mir bequem machen und mich eilen, daß ich wieder auf die Beine komme. Mein Herz war offen vor meinem Bruder, während ich krank lag, und ich sagte ihm die Namen derer, die ich zu Zeugen nehmen wollte – alles Schuldner von mir, was aber der Sahib im Magistrat nicht wissen konnte und der Gutsherr auch nicht. Das Fieber hielt lange bei mir an, und nach dem Fieber wurde ich von Darmgicht und heftigem Bauchgrimmen ergriffen. Zu der Zeit dachte ich, mein Ende sei gekommen, aber jetzt weiß ich, daß sie, die mir die Arzneien gab, die Schwester meines Vaters – eine Witwe mit dem Herzen einer Witwe –, meine zweite Krankheit gemacht hat. Ram Daß, mein Bruder, sagte, mein Haus sei verschlossen und verriegelt, und brachte mir den großen Türschlüssel und meine Bücher, dazu alles Geld, das in meinem Hause war – sogar das Geld, das unter dem Fußboden verscharrt war; denn ich war in großer Furcht, es könnten Diebe einbrechen und nachgraben. Ich spreche die Wahrheit; es war nur wenig Geld in meinem Hause. Zehn Rupien vielleicht – oder zwanzig. Was soll ich sagen? Gott ist mein Zeuge, daß ich ein armer Mann bin.

Eines Nachts, als ich Ram Daß alles erzählt hatte, was ich im Herzen trug, wie ich die Klage gegen den Gutsherrn eingeben wollte, und als Ram Daß mir gesagt hatte, die Vorkehrungen mit den Zeugen seien getroffen, und mir ihre Namen aufgeschrieben hatte, da wurde ich von einer neuen großen Krankheit befallen, und sie legten mich aufs Bett. Wie ich mich etwas erholt hatte – ich weiß nicht wie viele Tage später –, fragte ich nach Ram Daß, und die Schwester meines Vaters sagte mir, er sei nach Montgomery zu einem Prozeß gegangen. Ich nahm eine Arznei und schlief sehr fest, ohne wach zu werden. Als meine Augen sich öffneten, war eine große Stille in dem Hause des Ram Daß, und keiner antwortete, als ich rief – nicht einmal die Schwester meines Vaters. Das erfüllte mich mit Angst, denn ich wußte nicht, was geschehen war.

Mit einem Stock in der Hand ging ich langsam hinaus, bis ich zu dem großen Platz am Brunnen kam, und mein Herz war heiß in mir gegen den Gutsherrn wegen der Qual, bei jedem Schritt.

Ich fragte nach Jowar Singh, dem Zimmermann, dessen Namen zuerst auf der Liste derer stand, die gegen den Gutsherrn zeugen sollten, und sagte: »Ist alles bereit, und weißt du, was zu sagen ist?«

Jowar Singh antwortete: »Was soll das, und woher kommst du, Durga Daß?«

Ich sagte: »Von meinem Bett, wo ich so lange krank gelegen habe, wegen des Gutsherrn. Wo ist Ram Daß, mein Bruder, der die Verabredungen mit den Zeugen machen sollte? Ihr wißt doch davon, du und die anderen?«

Drauf sagte Jowar Singh: »Was hat das mit uns zu schaffen, du Lügner? Ich habe Zeugnis abgelegt und habe mein Geld bekommen, und der Gutsherr hat nach dem Urteil des Gerichts die fünfhundert Rupien bezahlt, die er Ram Daß geraubt hatte, und weitere fünfhundert Rupien für das große Ungemach, das er deinem Bruder angetan hat.«

Der Brunnen und der Brustbeerbaum über ihm und der Platz von Isser Jang wurden finster vor meinen Augen, aber ich lehnte mich auf meinen

Stock und sagte: »Nein! Das ist wie ein Kind geredet und ohne Sinn. Ich war's, der von den Händen des Gutsherrn gelitten hat, und ich bin gekommen, die Sache ins Rechte zu bringen. Wo ist mein Bruder Ram Daß?«

Aber Jowar Singh schüttelte den Kopf, und ein Weib rief: »Wer lügt da? Was hat denn der Gutsherr mit dir für Streit, *Bunnia?* Nur einer ohne Scham und Treue wird mit seines Bruders Schmerzen Geschäfte machen. Haben diese *Bunnias* keine Eingeweide?«

Ich rief wieder und sagte: »Bei der Kuh – bei dem Eid auf die Kuh, beim Tempel des blauhalsigen Mahadeo, ich und nur ich wurde geprügelt – bis zu Tode geprügelt! Laßt eure Rede gerade sein, o Volk von Isser Jang, und ich will für die Zeugnisse bezahlen.« Und ich wankte, wo ich stand, denn die Krankheit und der Schmerz von den Schlägen lagen schwer auf mir.

Da kam Ram Narain herzu, der seinen Teppich ausbreitet unter dem Brustbeerbaum an dem Brunnen und alle Briefe schreibt für die Leute in der Stadt, und sagte: »Heute ist der einundvierzigste Tag seit dem Überfall, und vor sechs Tagen wurde die Sache im Gericht verhandelt, und der Kommissar Sahib hat sie deinem Bruder Ram Daß zugesprochen und ihm auch die Beraubung zugestanden, die ich auch mit bezeugt habe, und alles andere, wie die Zeugen es sagten. Es gab viele Zeugen, und zweimal wurde Ram Daß ohnmächtig vor Gericht infolge seiner Wunden, und der Stunt Sahib – der *Baba* Stunt Sahib – gab ihm einen Stuhl vor allen Advokaten. Warum heulst du, Durga Daß? Alles ist geschehen, wie ich gesagt habe. War es nicht so?«

Und Jowar Singh sagte: »Das ist die Wahrheit. Ich war dabei, und ein rotes Kissen war auf dem Stuhl.«

Und Ram Narain sagte: »Große Schande ist über den Gutsherrn gekommen wegen des Urteils, und aus Angst vor seinem Zorn ist Ram Daß mit seinem ganzen Haus zurück nach Pali gezogen. Ram Daß hat uns gesagt, daß du vorausgegangen seist, nachdem euer Hader beigelegt sei, um ein Geschäft aufzumachen in Pali. Wahrlich, es wäre gut für dich, jetzt noch zu gehen, denn der Gutsherr hat geschworen, wenn er einen eures Hauses erwischt, ihn an den Füßen aufzuhängen am Brunnenbalken und ihn hin und her zu schwenken und mit Stöcken zu schlagen, bis das Blut ihm aus den Ohren läuft. Was ich über den Prozeß gesagt habe, ist die Wahrheit, diese Männer hier können es bezeugen – auch die fünfhundert Rupien.«

Ich sagte: »Waren es fünfhundert Rupien?« Und Kirpa Ram, der *Jat*, sagte: »Fünfhundert; denn ich habe auch Zeugnis abgelegt.«

Und ich stöhnte, denn ich hatte nur im Sinne gehabt, zweihundert zu sagen.

Dann kam eine neue Furcht über mich, und meine Eingeweide wurden zu Wasser, und ich rannte schnell zu dem Hause des Ram Daß und suchte nach meinen Büchern und meinem Geld in der großen hölzernen Truhe unter meinem Bett. Nichts war geblieben – auch nicht der Wert eines Cowrie. Alles hatte der Teufel genommen, der sagte, daß er mein Bruder sei. Ich ging auch zu meinem eigenen Hause und öffnete die Läden der Fenster; aber da war auch nichts außer den Ratten zwischen den Getreidekörben. In der Stunde verließen mich meine Sinne, und ich zerriß meine Kleider und lief zum Brunnenplatz, schreiend nach der Gerechtigkeit Englands gegen meinen Bruder Ram Daß, und sagte in meiner Dummheit allen, daß die Bücher verloren seien. Als die Leute sahen, daß ich daran war, in den Brunnen hinunterzuspringen, glaubten sie, daß ich die Wahrheit sprach, und mehr noch, weil auf meinem Rücken und meiner Brust noch die Striemen waren von den Stöcken des Gutsherrn.

Jowar Singh, der Zimmermann, packte mich und drehte mich in seinen Armen um – denn er ist ein sehr starker Mann –, zeigte die Narben auf meinem Leibe und krümmte sich vor Lachen über dem Brunnenrand. Er schrie laut, so daß alle ihn hörten, von dem Brunnenplatz bis zur Karawanserei der Pilger: »Oho! Die Schakale haben sich gezankt, und der graue ist in einer Falle gefangen.

Wahrhaftig, dieser Mann ist elend geprügelt worden, und sein Bruder hat das Geld genommen, das das Gericht verfügte! Oh, *Bunnia,* das wird man jahrelang von dir erzählen! Die Schakale haben sich gezankt, und dazu sind die Bücher verbrannt. Ihr Leute, die ihr Durga Daß schuldig seid – und ich weiß, euer sind viele –, die Bücher sind verbrannt!«

Dann nahm ganz Isser Jang den Schrei auf, daß die Bücher verbrannt seien – *Ahi! Ahi!* daß ich in meiner Dummheit mir's hatte aus dem Munde entwischen lassen – und sie lachten durch die ganze Stadt. Sie gaben mir alle Schimpfworte des Punjab, und es sind schreckliche und brennende Worte, und sie warfen Stöcke nach mir und Kuhmist, bis ich hinfiel und um Barmherzigkeit schrie.

Ram Narain, der Briefschreiber, hieß die Leute stille sein, aus Angst, die Kunde möchte nach Montgomery dringen, und die Polizei möchte kommen, um nachzuforschen. Er sagte unter vielen Schmähungen: »So viel Barmherzigkeit will ich dir antun, Durga Daß, obwohl du gegen meinen Schwestersohn keine Barmherzigkeit gezeigt hast bei der Sache mit der braunen Kuh. Hat irgendwer ein Pony, das nichts wert ist, daß dieser Kerl entwischen kann? Wenn der Gutsherr hört, daß einer von den Zwillingen in der Stadt ist (und Gott weiß, ob er einen oder beide geprügelt hat, aber dieser hat sicher Schläge bekommen), dann gibt es einen

Mord, und dann kommt die Polizei und stöbert in jedem Hause und frißt Süßigkeiten den ganzen Tag.«

Kirpa Ram, der *Jat,* sagte: »Ich habe ein Pony, das ist sehr krank. Aber mit Schlägen kann man es dazu kriegen, zwei Meilen zu laufen. Wenn es krepiert, bekommt der Fellhändler den Kadaver.«

Da sagte Chumbo, der Fellhändler: »Ich will dir drei Anna für den Kadaver zahlen und neben dem Manne herlaufen, bis das Pony tot ist. Wenn es mehr als zwei Meilen sind, werde ich nur zwei Anna zahlen.«

Kirpa Ram sagte: »Meinetwegen.« Leute brachten das Pony heraus, und ich bat, ob ich etwas Wasser aus dem Brunnen ziehen dürfte, denn ich war ganz ausgedörrt vor Angst.

Drauf sagte Ram Narain: »Hier hast du vier Anna. Gott hat dich weit heruntergebracht, und ich mag dich nicht leer fortschicken, wenn auch die Sache mit der braunen Kuh meines Schwestersohnes eine offene Wunde ist zwischen uns. Es ist ein weiter Weg bis in deine Heimat. Geh, und wenn es so beschieden ist, bleibe am Leben; aber vor allem, nimm nicht den Zaum des Pony, denn der gehört mir.«

Und ich ging fort aus Isser Jang, unter dem Gelächter der dickbeinigen *Jats,* und der Fellhändler ging neben mir und wartete, bis das Pony tot umfiel. Nach einer Meile starb es, und voller Angst vor dem Gutsherrn lief ich, bis ich nicht mehr laufen konnte, und kam hierher.

Aber ich schwöre bei allem, wobei Hindus und Muselmanen und sogar die Sahibs schwören, daß ich und nicht mein Bruder vom Gutsherrn verprügelt wurde. Aber der Fall ist geschlossen, und die Türen des Gerichts sind geschlossen, und Gott weiß, wohin der *Baba* Stunt Sahib – die Muttermilch ist noch nicht trocken auf seinen haarlosen Lippen – gegangen ist. *Ahi! Ahi!* Ich habe keine Zeugen, und die Narben werden heilen, und ich bin ein armer Mann. Aber bei der Seele meines Vaters und beim Schwur eines Mahajun von Pali, ich, und nicht mein Bruder, ich wurde vom Gutsherrn verprügelt.

Was kann ich tun? Die Gerecntigkeit Englands ist wie ein großer Fluß. Ist er ein Stück geflossen, so kommt er nicht zurück. Immerhin, Sahib, nimm eine Feder und schreibe deutlich, was ich gesagt habe, damit der Dipty Sahib es sieht und den Stunt Sahib tadelt, der ein Füllen ist, noch nicht abgeleckt von der Stute, so jung ist er. Ich, und nicht mein Bruder, wurde verprügelt, und er ist nach Westen gegangen – ich weiß nicht wohin.

Aber vor allem anderen, schreibe – so daß die Sahibs es lesen sollen und seine Schande voll wird –, daß Ram Daß, mein Bruder, der Sohn von Purun Daß, Mahajun aus Pali, ein Schwein ist, und ein nächtlicher Dieb, und ein Räuber des Lebens, und ein Fleischesser, und eine Schakalsbrut, ohne Schönheit, oder Treue, oder Reinheit, oder Ehre!

Zweiundzwanzig

> Eng wie der Mutterleib, tief wie der Schacht und finster wie das Herz eines Mannes.
>
> *Bergmannsspruch aus Sonthal*

»Ein Weber wollte ernten gehn, fing an die Halme zu entwirren und kam nicht weiter. Ha-ha-ha! Hat ein Weber Verstand?«

Janki Meah starrte auf Kundoo, aber da Janki Meah blind war, machte sich Kundoo nichts daraus. Er war gekommen, um mit Janki Meah zu streiten und, wenn die Gelegenheit es gab, der hübschen jungen Frau des alten Mannes den Hof zu machen.

Kundoo hatte eine Beschwerde und redete im Namen der fünf Männer, die mit Janki Meah die Mannschaft des Stollens Nummer Sieben im Schacht Zweiundzwanzig bildeten. Janki Meah war all die dreißig Jahre, die er der Jimahari-Grube mit Picke und Brecheisen gedient hatte, blind gewesen. Alle die dreißig Jahre lang hatte er sich regelmäßig jeden Morgen vor der Abfahrt vom Aufseher seinen Anteil Lampenöl geholt – ganz so, als ob er ein sehender Bergmann gewesen wäre. Kundoos Mannschaft ärgerte sich, so wie Hunderte von Mannschaften sich früher geärgert hatten, über Janki Meahs Eigennutz. Er gab das Öl nicht zur gemeinsamen Portion seiner Mannschaft, sondern nahm es für sich und verkaufte es.

»Ich kannte die Grube, bevor du geboren warst«, pflegte Janki Meah zu antworten. »Ich brauche kein Licht, um meine Kohlen zu schlagen, und ich habe nicht die Absicht, euch zu helfen. Das Öl gehört mir, und ich werde es behalten.«

Ein seltsamer Mann, in mancher Hinsicht, war Janki Meah, der weißhaarige, heißblütige, erblindete Weber, der ein Bergmann geworden war. Den ganzen Tag – außer sonntags und montags, wo er gewöhnlich betrunken war – arbeitete er im Schacht Zweiundzwanzig der Jimahari-Grube, so tüchtig wie ein Mann mit allen Sinnen. Am Abend fuhr er in dem großen, mit Dampf betriebenen Lift an die Einfahrt hinauf und rief dort nach seinem Pony – einem klapprigen, kohlenbestaubten Vieh, das fast so alt war wie Janki Meah. Das Pony kam an seine Seite, und Janki Meah kletterte auf seinen Rücken und wurde von ihm zu dem Stück Land getragen, das er wie die anderen Bergleute von der Jimahari-Kompanie bekommen hatte. Das Pony kannte die Stelle, und als nach sechs Jahren die Kompanie alle Anteile vertauschte, um zu verhindern, daß die Bergleute Eigentumsrechte erwarben, da erklärte Janki Meah mit Tränen in den Augen, wenn sein Stück ausgewechselt würde, könne er nie den Weg zu dem neuen finden. »Mein Pferd kennt nur diese Stelle«, klagte Janki Meah, und so wurde ihm erlaubt, sein Stück zu behalten.

Auf Grund dieses Vorrechts und seiner gesammelten Ölersparnisse nahm Janki Meah eine zweite Frau – ein Mädchen aus dem Zweige Jolaha des Hauptstammes der Meah, das ausnehmend schön war. Janki Meah konnte ihre Schönheit nicht sehen; er nahm sie also auf Treu und Glauben und verbot ihr, in den Schacht hinunterzugehen. Er hatte nicht dreißig Jahre im Dunkeln gearbeitet, um nicht zu wissen, daß der Schacht kein Platz für schöne Mädchen ist. Er belud sie mit Zieraten – nicht Messing oder Zinn, sondern richtigem Silber –, und sie dankte ihm dafür, indem sie mit Kundoo aus Stollen Nr. 7 grenzenlos flirtete. Kundoo war eigentlich der Obmann der Mannschaft, aber Janki Meah bestand darauf, daß jede Arbeit in seinem Namen begann, und wählte die Leute, mit denen er arbeiten wollte. Die Sitte – die sogar stärker war als die Jimahari-Kompanie – forderte, daß Janki Meah kraft seines Alters das zu bestimmen hatte und auch mitarbeiten konnte, trotz seiner Blindheit. In indischen Gruben, wo sie mit der Picke in die feste Kohle schlagen und von unten nach oben abbauen, konnte ihm auch nicht viel passieren. Zu Hause, wo sie die Kohle unterhöhlen und in einstürzenden Fladen von der Decke herunterholen, würde man ihm nie erlaubt haben, den Fuß in einen Schacht zu setzen. Er war kein beliebter Mann, wegen seiner Ölersparnisse, aber die ganze Mannschaft gab zu, daß Janki alle *Khads* oder Stollen kenne, die jemals gebaut oder zu Bruch gegangen waren, seitdem die Jimahari-Kompanie ihre Arbeiten im Tarachunda-Gebiet angefangen hatte.

Die kleine hübsche Unda wußte nur, daß ihr alter Mann ein Narr war, mit dem man fertig werden konnte. Für die Grube hatte sie nur insofern Interesse, als sie Kundoo fünf von sieben Tagen verschlang und ihn mit Kohlenstaub bedeckte. Kundoo war ein großer Arbeiter und gab sich viele Mühe, sich nicht zu besaufen, denn sobald er vierzig Rupien erspart hatte, sollte Unda alles stehlen, was sie in Jankis Haus finden konnte und mit ihm davonlaufen in ein Land, wo es keine Gruben gab und wo jeder drei fette Ochsen und eine Milchbüffelkuh hielt. Indes dieser Plan reifte, hatte er die Gewohnheit, bei Janki vorzusprechen und ihn wegen der Ölersparnisse zu ärgern. Unda saß in einer Ecke und nickte zustimmend. An dem Abend, als Kundoo den peinlichen Weberspruch zitiert hatte, wurde Janki böse.

»Hör mal, du Schwein«, sagte er, »ich bin ein blinder Mann und ein alter Mann, aber lang, bevor du geboren wurdest, war ich in den Kohlen ergraut. Schon ehe der Schacht Zweiundzwanzig eingesenkt wurde und als hier erst zweitausend Leute waren, wußte man schon, daß ich die Grube kenne. Gibt es einen Stollen, den ich nicht kenne, von der Sohle des Schachtes bis zum letzten Querschlag? Etwa den Schacht Baromba, den ältesten, oder den Schacht Zweiundzwanzig, wo Tibus Querschlag auf Nr. 5 zutreibt?«

»Hör den alten Esel faseln!« sagte Kundoo, Unda zunickend. »Kein Querschlag von Zweiundzwanzig wird vor Ende des Herbstes auf Fünf stoßen. Wir haben noch einen Monat feste Kohle vor uns. Der Babuji sagt es.«

»Ach, Babuji! Schweini! Hundi! Was wissen diese dicken Faulenzer aus Kalkutta? Er zeichnet und zeichnet und zeichnet, und redet und redet und redet, und alle seine Karten sind falsch. Ich, Janki, weiß, daß es so ist. Wenn ein Mann dreißig Jahre in der Finsternis eingesperrt ist, dann gibt Gott ihm Wissen. Der alte Querschlag, den Tibus Mannschaft gemacht hat, ist keine sechs Fuß von Nr. 5.«

»Zweifellos gibt Gott den Blinden Wissen«, sagte Kundoo mit einem Blick auf Unda. »Mag es sein, wie du sagst. Ich für mein Teil weiß nicht, wie der alte Querschlag von Tibu geht, aber ich bin kein ausgedörrter Affe, der Öl braucht, um seine Gelenke zu schmieren.«

Kundoo sprang lachend aus der Hütte, und Unda kicherte. Janki drehte seine blinden Augen gegen seine Frau und fluchte. »Ich habe Land und ich habe viel Lampenöl verkauft«, überlegte Janki, »aber ich war ein Esel, dieses Kind zu heiraten.«

Eine Woche später setzte mit Wucht der Regen ein, und die Mannschaften platschten an den Einfahrten der Schächte im Kohlenschlamm herum. Dann wurden die großen Grubenpumpen zurechtgemacht, und der Direktor der Grube watete durch die Nässe zum Tarachunda-Fluß, der in seinen moorigen Ufern schwoll. »Gott gebe, daß dies aasige Rinnsal nicht ungemütlich wird«, sagte der Direktor fromm und ging, mit seinem Assistenten wegen der Pumpen zu beratschlagen.

Aber der Tarachunda wurde sogar sehr ungemütlich. Nach einem Regenfall von drei Zoll in der Stunde mußte er etwas tun. Er trat aus und vereinigte sich mit dem Regenwasser, das sich zwischen zwei niedrigen Hügeln sammelte, da, wo der Bahndamm die Hauptstrecke der Grube überquerte. Wenn ein guter Teil eines geschwollenen Flusses und einige Morgen Überschwemmungswasser auf eine Schleuse von neun Fuß drücken, so kann die Schleuse spucken, soviel sie will, es kann nicht das ganze Wasser durch sie abgehn. Der Direktor balancierte vor Aufregung auf einem Bein, und seine Sprache war nicht salonfähig.

Er hatte Grund zu fluchen, denn er wußte, daß ein Zoll Wasser auf dem Lande einen Druck von hundert Tonnen auf den Morgen bedeutete; und hier waren ungefähr fünf Fuß tief Wasser, die hinter dem Bahndamm auf die oberflächlichen Stollen von Zweiundzwanzig drückten. Man muß wissen, daß in einer Kohlengrube die Kohle, die der Oberfläche am nächsten ist, zuerst vom Mittelschacht aus abgebaut wird. Das heißt, die Bergleute können das Material bis auf zehn oder zwanzig oder dreißig Fuß von der Oberfläche aushauen und, wenn alles abgebaut ist, nur eine Krust von Erde, von einigen wenigen Kohlenpfeilern gestützt, übriglassen. In einer tiefen Grube, wo sie wissen, daß beliebige Mengen greifbar sind, fördern die Leute lieber alle Kohle durch einen Schacht, als daß sie eine Anzahl kleiner Stollen machen, um die verhältnismäßig wertlose Oberflächenkohle abzubauen.

Und der Direktor beobachtete die Überschwemmung. Die Schleuse spie einen Strahl von neun Fuß; aber das Wasser staute sich noch immer, und er gab Anweisung, die Leute aus Zweiundzwanzig auszuräumen. Die Lifts kamen herauf, immer wieder voll gerammelt mit den Leuten, die am nächsten beim Schachtauge waren, wie sie die Stelle nennen, wo man von der Strecke des Hauptschachtes den Tag sehen kann. Überall in den langen schwarzen Stollen blinkten die Grubenlichter und tanzten wie Johanniskäferchen, und die Männer und Weiber warteten auf die klirrenden, rasselnden, donnernden Lifts, die herunterkamen und wieder hinaufflogen. Aber die äußersten Querschläge waren sehr weit entfernt, und die Nachricht konnte nicht schnell genug durchdringen, obgleich die Obmänner der Mannschaften und der Assistent schrien und fluchten und stampften und stolperten. Der Direktor hielt ein Auge auf den großen wogenden Teich hinter dem Bahndamm und betete, die Schleuse möchte nachgeben und das Wasser rechtzeitig durchlassen. Mit dem anderen Auge verfolgte er die Lifts, die heraufkamen, und sah die Obmänner das Verzeichnis der Mannschaften abzählen. Von ganzem Herzen und ganzer Seele fluchte er auf den Winder, der die eiserne Walze unter sich hatte, auf die das Drahtseil der Lifts sich aufwand. Nach einer kurzen Weile gab es in dem Wasser hinter dem Bahndamm einen Zug in die Tiefe – einen saugenden Wirbel, gelb und gischtig. Das Wasser hatte die Erdkruste durchbrochen und schoß nun in die alten Querschläge von Zweiundzwanzig.

Tief unten traf ein Strahl von schwarzem Wasser die letzte Mannschaft, die auf den Lift wartete, und als sie hineinkletterten, ging ihnen der Strudel bis an die Brust. Der Lift kam an den Ausgang und der Direktor rief die Listen ab. Es waren alle Mannschaften gerettet, außer der Mannschaft Janki, der Mannschaft Mogul und der Mannschaft Rahim, achtzehn Männer und ungefähr zehn Korbweiber, die die Kohle in die kleinen eisernen Wagen luden, die auf den Schienen der Strecken liefen. Diese Mannschaften waren in den Außenschlägen, dreiviertel Meilen entfernt am äußersten Ende der

Grube. Noch einmal ging der Lift hinab, aber nur mit zwei Engländern, und klatschte auf einen wirbelnden tosenden Strom, der beinahe das Dach eines der tieferen Querschläge erreicht hatte. Einer der hölzernen Balken, mit denen die alten Stollen abgestützt wurden, schoß auf der Strömung vorüber und verfehlte gerade noch den Lift.

»Wenn wir uns nicht die Rippen wollen einschlagen lassen, gehn wir lieber«, sagte der Direktor. »Wir können nicht einmal die Stützen retten.«

Der Lift schnalzte spritzend aus dem Wasser, und einige Minuten später wurde öffentlich bekanntgegeben, daß mindestens zehn Fuß Wasser im Schachtauge stünden. Nun hieß zehn Fuß Wasser dort, daß alle anderen Teile der Grube überschwemmt seien, außer solchen Stollen, die mehr als zehn Fuß über dem Niveau der Schachtsohle lagen. Die tiefen Stollen mußten voll sein, die Hauptquerschläge mußten voll sein, nur in den hochliegenden Stollen, die man auf Steigen aus den Hauptstollen erreichte, mußte ein gewisses Quantum Luft vom Wasser sozusagen abgeschnitten sein und unter Druck stehen. Die kleinen Lehrbuben der Wissenschaft können erklären, wie sich Wasser benimmt, das man in die Experimentierröhren gießt. Die Überschwemmung von Zweiundzwanzig war eine Illustration in großem Maßstab.

»Beim Heiligen Grab, was ist mit der Luft passiert!« Es war ein Sonthalarbeiter von der Mannschaft Mogul im Stollen Nr. 9, der im Begriff war, einen Gang von sechs Fuß durch die Kohle zu schlagen. Dann geschah ein Auflauf aus den anderen Stollen, und die Mannschaften Janki und Rahim stolperten mit ihren Korbweibern herauf.

»Wasser ist in die Grube gekommen«, sagten sie, »und es gibt keinen Weg hinaus.«

»Ich bin hinuntergegangen«, sagte Janki, »die Böschung meines Stollens hinunter und habe das Wasser gefühlt.«

»Es war kein Wasser im Schacht, seit wir leben«, jammerten die Frauen. »Warum können wir nicht hinaus?«

»Seid still!« sagte Janki. »Vor langer Zeit, als mein Vater hier war, kam Wasser in den Schacht Zehn – nein, Elf –, und es gab eine große Not. Wollen wir wo hingehen, wo die Luft besser ist?« Die drei Mannschaften und die Korbweiber verließen den Stollen Nr. 9 und gingen höher nach Nr. 16. Bei einer Biegung des Weges konnten sie das pechschwarze Wasser an den Kohlen lecken sehen. Es hatte die Decke eines Querschlags erreicht, den sie sehr gut kannten – in dem sie ihre *Huqas* zu rauchen und ihren Liebeleien nachzugehen pflegten. Als sie das sahen, riefen sie laut zu ihren Göttern, und die Mehas, die dreimal sündhafte Mohammedaner sind, versuchten sich auf den Namen des Propheten zu besinnen. Es war das Ende der Querschläge und das Ende der Grube.

Weit weg, am unteren Ende des Stollens stampfte vertrauensvoll eine kleine Dampfpumpe, die einen tieferen Stollen trocken halten sollte und den Dampf von oben bekam. Sie hörten sie stoppen.

»Sie haben den Dampf ausgeschaltet«, sagte Kundoo hoffnungsvoll. »Sie haben Befehl gegeben, allen Dampf für die Hauptpumpen zu nehmen. Sie wollen das Wasser ausschöpfen.«

»Wenn das Wasser den Raucher-Querschlag erreicht hat«, sagte Janki, »dann können alle Pumpen der Kompanie in drei Tagen nichts machen.«

»Es ist sehr heiß«, klagte Jasoda, das Korbweib von Meah. »Die Luft ist sehr schlecht hier wegen der Lampen.«

»Löscht sie aus«, sagte Janki, »wozu braucht ihr Lampen?« Die Lampen wurden ausgelöscht, und die Gesellschaft saß still in der Finsternis. Jemand stand leise auf und begann längs den Kohlen zu wandern. Es war Janki, der die Wände mit seinen Händen abtastete. »Wo ist die Stufe?« murmelte er vor sich hin.

»Sitz nur, sitz«, sagte Kundoo. »Wenn wir sterben, sterben wir. Die Luft ist sehr schlecht.«

Aber Janki stolperte und kroch und klopfte mit seiner Picke an die Wände. Die Weiber standen auf.

»Bleibt alle, wo ihr seid. Ohne Lampen könnt

ihr nicht sehen und ich – ich kann immer sehen«, sagte Janki. Dann hielt er inne und rief: »O ihr, die ihr mehr als zehn Jahre im Schacht gewesen seid, wie ist der Name dieses offenen Platzes? Ich bin ein alter Mann und habe es vergessen.«

»Bullias Stube«, antwortete der Sonthalmann, der sich über die schlechte Luft beklagt hatte.

»Noch einmal«, sagte Janki.

»Bullias Stube.«

»Dann hab' ich's gefunden«, sagte Janki. »Nur der Name war mir aus dem Gedächtnis entwischt. Hier ist der Querschlag Tibus.«

»Das ist gelogen«, sagte Kundoo. »Es sind keine Querschläge an diesem Platz gewesen, seit ich lebe.«

»Drei Schritte tief war die Stufe«, murmelte Janki, ohne achtzugeben – »und oh, meine armen Knochen, ich hab's gefunden! Es ist hier, diese Stufe hinauf. Kommt alle einzeln meiner Stimme nach, und ich will euch zählen.«

Es gab einen Aufbruch im Dunkeln, und Janki fühlte das Gesicht des vordersten Mannes an seine Knie stoßen, als der Sonthalmann die Stufe hinaufkletterte.

»Wer ist's?« rief Janki.

»Ich, Sunua Manji.«

»Setz dich«, sagte Janki. »Der nächste?«

Einzeln krabbelten die Weiber und die Männer die Stufe hinauf, die auf einer Seite an »Bullias

Stube« entlanglief. Sündhafte Mohammedaner, schweineessende Musahr und wilde Sonthal – Janki strich über alle mit der Hand.

»Nun kommt nach«, sagte er, »packt mich an der Ferse, und die Weiber sollen die Kleidung der Männer fassen.« Er fragte nicht, ob die Leute ihre Picken mitgebracht hatten. Ein Bergmann, ob schwarz oder weiß, gibt seine Picke nicht aus der Hand. Einzeln, Janki voraus, krochen sie in den alten Querschlag – einen sechs Fuß breiten Gang, knapp vier Fuß vom Boden bis zur Decke.

»Die Luft ist hier besser«, sagte Jasoda. Sie konnte ihr Herz schlagen hören in dicken schweren Schlägen.

»Langsam, langsam«, sagte Janki. »Ich bin ein alter Mann, und ich vergesse viel. Das ist Tibus Querschlag, aber wo sind die vier Ziegelsteine, auf denen sie ihr *Huqa*feuer machten, wenn die Sahibs es nicht sehen konnten? Langsam, langsam, ihr dahinten!«

Sie hörten seine Hände in der bröckeligen Kohle am Boden des Ganges kramen und dann einen dumpfen Ton. »Hier ist ein Ziegelstein, hier noch einer und noch einer. Kundoo ist ein junger Mann – laßt ihn nach vorn kommen. Setz ein Knie auf diesen Ziegelstein und schlage hier. Als Tibus Mannschaft an dem letzten Tage, bevor die gute Kohle aus war, ihr Mittagessen aß, hörte sie die Leute aus Nr. 5 auf der anderen Seite, und Nr. 5

hat seinen Stollen noch zwei Sonntage länger gebaut – oder vielleicht auch nur einen. Schlag hier, Kundoo, aber mach erst Platz, daß ich zurückgehen kann.«

Kundoo hob noch zweifelnd die Picke, aber das erste leichte, weiche Splittern der Kohle war ihm ein Signal. Er kämpfte für sein Leben und für Unda – die hübsche kleine Unda mit Ringen an allen Zehen – für Unda und die vierzig Rupien. Die Weiber sangen das Lied der Picke – die schauerliche, langsame, getragene Melodie mit dem murmelnden Chor, der das Abrutschen der lockeren Kohle nachahmt, und zu jedem Takt hieb Kundoo in die schwarze Finsternis. Als er nicht mehr konnte, nahm Sunua Manji die Picke und kämpfte für sein Leben und sein Weib und sein Dorf jenseits der blauen Berge über dem Tarachunda. Eine Stunde arbeiteten die Männer, und dann räumten die Weiber die Kohle fort.

»Es ist weiter, als ich dachte«, sagte Janki. »Die Luft ist sehr schlecht. Aber schlag, Kundoo, schlag fest.«

Zum fünftenmal nahm Kundoo die Picke, während der Sonthal zurückkroch. Das Lied hatte kaum wieder begonnen, als es durch einen Schrei von Kundoo unterbrochen wurde, der durch den Querschlag gellte: »*Par hua! Par hua!* Wir sind durch, wir sind durch!« Die eingepreßte Luft im Schacht schoß durch die Öffnung, und die Weiber am hinteren Ende des Ganges hörten das Wasser durch die Säulen von Bullias Stube brausen und gegen die Stufe rauschen. Als es das Gesetz erfüllt hatte, dem es gehorchte, stieg es nicht weiter. Die Weiber kreischten und stürzten vorwärts. »Das Wasser kommt – wir werden sterben! Wir müssen fort!«

Kundoo kroch durch die Luke und stellte auf eine sehr einfache Art fest, daß er sich in einem abgestützten Querschlag befand, indem er mit dem Kopf gegen einen Pfosten rannte.

»Kenne ich die Grube oder kenne ich sie nicht?« grinste Janki. »Das ist Nr. 5; geht langsam hinaus und sagt eure Namen. Ho! Rahim, zähle deine Mannschaft! Jetzt vorwärts, jeder faßt den anderen wie vorher.«

Sie bildeten im Dunkeln eine Reihe, und Janki führte sie – denn ein Bergmann in einem fremden Schacht irrt nur um einen Grad weniger als ein gewöhnlicher Sterblicher, der zum erstenmal unter der Erde ist. Schließlich sahen sie eine Blendlaterne, und die Mannschaften Janki, Mogul und Rahim von Zweiundzwanzig stolperten geblendet in den Schein eines Wetterstollens auf der Sohle von Schacht Fünf: Janki tastend voraus, die anderen hinterdrein.

»Schacht Zweiundzwanzig ist unter Wasser. Gott weiß, wo die anderen sind. Diese Leute habe ich aus dem Querschlag Tibus in unsern Schacht gebracht, indem ich die Nordseite des Querschlags durchstochen habe. Bringt uns zum Lift«, sagte Janki Meah.

An der Einfahrt von Zweiundzwanzig waren einige tausend Leute, die jammerten, weinten und schrien. Hundert Mann – nein, tausend Mann – seien im Schacht ertränkt. Sie würden alle morgen nach Hause gehen. Wo ihre Männer seien? Die kleine Unda stand in regentriefenden Kleidern am Loch und schrie den Schacht hinunter nach Kundoo. Sie hatten die Lifts aus dem Loch beseitigt, und ihre einzige Antwort war das Gurgeln des Wassers im Schachtauge, zweihundertsechzig Fuß unter ihr.

»Seht nach der Frau da! Sie wird sich gleich in den Schacht werfen«, rief der Direktor. Aber er brauchte sich nicht zu sorgen; Unda hatte Angst vor dem Tode. Sie verlangte nach Kundoo. Der Assistent untersuchte die Flut und probierte, wie weit er in sie hineinwaten konnte. Es war stiller im Wasser, und der Wirbel war erschlafft. Die Grube war voll, und die Leute an der Einfahrt heulten.

»Bei Gott, wir können von Glück sagen, wenn wir morgen fünfhundert Mann zur Stelle haben!« sagte der Direktor. »Es besteht noch die Möglichkeit, einen provisorischen Damm durch das Wasser zu ziehen. Schmeiß hinein, was da ist – Fässer und Ochsenkarren, wenn es nicht genug Ziegelsteine gibt. Jetzt sollen sie arbeiten, wenn sie noch nie gearbeitet haben. He! ihr Obmänner, macht ihnen Beine!«

Allmählich wurde die Masse in Gruppen aufgeteilt und mit Versprechungen von Überstunden zum Wasser getrieben. Der Dammbau begann, und als er eine gute Weile im Gang war, hielt der Direktor die Zeit der Pumpen für gekommen. Der Zustrom in die Grube hatte aufgehört. Der riesige rote eisenbeschlagene Pumpenschwengel stieg und fiel, und die Pumpe gurgelte und stöhnte und quietschte, als das erste Wasser aus dem Rohr quoll.

»Wir müssen sie die ganze Nacht laufen lassen«, sagte der Direktor bekümmert, »aber es gibt keine Hoffnung für die armen Kerle da unten. Hörst du, Gur Sahai, wenn du stolz bist auf deine Maschinen, dann zeige jetzt, was sie leisten können.«

Gur Sahai grinste und nickte, die rechte Hand auf dem Hebel und in der linken eine Ölkanne. Er konnte nicht mehr tun, als was er tat, aber er konnte bis zum Morgengrauen dabeibleiben. Sollten die Pumpen der Kompanie von den Grillen des Tarachunda geschlagen werden? Niemals, niemals! Und die Pumpe stöhnte und quietschte: »Niemals! Niemals!« Der Direktor saß unterm Dach der Einfahrt, versuchte sich an dem Feuer des Pumpen-Dampfkessels zu trocknen und sah in der trüben Dämmerung, wie die Menge auf dem Damm sich zerstreute und davonlief.

»Das ist das Ende«, stöhnte er. »Es wird uns sechs Wochen kosten, ihnen auszureden, daß wir nicht versucht haben, ihre Kameraden absichtlich zu ersäufen. Oh, was gäb' ich um einen ordentlichen, vernünftigen Geordie*!«

Aber die Flucht hatte nichts Panisches. Es waren Leute vom Schacht Fünf mit erstaunlichen Neuigkeiten gerannt gekommen, und die Obmänner konnten ihre Mannschaften nicht zusammenhalten. Bald erschienen, umgeben von einer lärmenden Masse, die Mannschaften Rahim, Mogul und Janki mit zehn Korbweibern und meldeten sich, und die hübsche kleine Unda stahl sich davon zu Jankis Hütte, um ihm sein Abendbrot zu machen. »Ich allein habe den Weg gefunden«, erklärte Janki Meah. »Wird die Kompanie mir jetzt Pension geben?«

Die einfältigen Grubenarbeiter schrien und tanzten und gingen wieder an ihren Damm, neu bestärkt in ihrem alten Glauben, daß, was auch geschah, die Macht der Kompanie, deren Salz sie aßen, so groß war, daß keiner von ihnen umkommen konnte. Nur Gur Sahai fletschte seine weißen Zähne und behielt die Hand am Hebel und ließ seine Pumpen ihr Äußerstes zeigen.

* Englischer Bergmann.

»Hör mal«, sagte eine Woche später der Assistent zum Direktor, »erinnerst du dich an ›Germinal‹!«

»Ja. Es ist komisch. Ich dachte daran im Lift, als der Balken vorbeiflog. Warum?«

»Hier haben wir ein umgekehrtes ›Germinal‹. Janki war heute den ganzen Morgen auf meiner Veranda und erzählte mir, daß Kundoo mit seiner Frau durchgegangen sei – Unda oder Anda heißt sie, glaub' ich.«

»Hallo! Und das ist das Pack, das du mit Gefahr des Lebens aus Zweiundzwanzig holen wolltest!«

»Nein – ich sprach damals von den Stützbalken der Kompanie, nicht von den Leuten der Kompanie.«

»So klingt es jetzt besser; aber ich glaube dir nicht, alter Freund.«

Die Wache in Howli

Als Bote, wenn das Herz Eurer Gnaden mir es gönnen will. Und für sechs Rupien. Ja, Sahib, denn ich habe drei ganz, ganz kleine Kinder, deren Mägen immer leer sind, und es gibt jetzt nur vierzig Pfund Korn für eine Rupie. Ich will ein so kluger Bote sein, daß Ihr den ganzen Tag mit mir zufrieden sein und mir am Ende des Jahres einen Turban schenken sollt. Ich kenne alle Wege um die Station und viele andere Dinge. Ach, Sahib! Ich bin klug. Gebt mir einen Dienst. Ich bin früher bei der Polizei gewesen. Ein schlechter Charakter? Das Märchen hat sicher ein Feind erzählt. Ich bin nie ein Gauner gewesen. Ich bin ein Mann mit reinem Herzen, und meine Worte sind alle wahr. Sie wußten das, als ich bei der Polizei war. Sie sagten: »Afzal Khan ist ein Sprecher der Wahrheit, und auf sein Wort kann man vertrauen.« Ich bin ein Pathan von Delhi, Sahib – alle Pathans von Delhi sind gute Menschen. Ihr habt Delhi gesehen? Ja, es ist wahr, es gibt viele Gauner unter den Pathans von Delhi. Wie der Sahib weise ist! Nichts ist vor seinen Augen verborgen, und er wird mich zu seinem Boten machen, und ich will alle seine Nachrichten geheim und unauffällig besorgen. Nein, Sahib, Gott ist mein Zeuge, daß ich nichts Schlechtes meinte.

Ich habe mich lange danach gesehnt, einem wirklichen Sahib zu dienen – einem tugendhaften Sahib. Viele junge Sahibs sind wie losgelassene Teufel. Bei solchen Sahibs würde ich keinen Dienst nehmen – auch wenn alle Mägen meiner kleinen Kinder nach Brot schreien würden.

Warum ich nicht mehr bei der Polizei bin? Ich will wahre Rede sagen. Es kam ein Unheil über die Wache – über Ram Baksh, den Havildar, und Maula Baksh und Juggut Ram, und Bhim Singh und Suruj Bul. Ram Baksh sitzt für eine Weile im Gefängnis, und ebenso Maula Baksh.

Es war auf der Wache in Howli, an der Straße, die nach Gokral-Seetarun führt, wo viele Räuber sind. Wir waren lauter tapfere Kerle – Rustums. Deshalb hatte man uns auf diese Wache geschickt, die acht Meilen von der nächsten Wache entfernt war. Tag und Nacht paßten wir auf Räuber auf. Warum lacht der Sahib? Nein, ich will ein Geständnis machen. Die Räuber waren zu schlau, und da wir das sahen, machten wir uns weiter keine Arbeit. Es war in der heißen Zeit. Was kann ein Mensch in den heißen Tagen tun? Ist der Sahib, der doch so kräftig ist – ist er wohl stark in der Zeit? Wir machten eine Vereinbarung mit den Räubern um des Friedens willen. Der Havildar, der sehr dick war, brachte das zustande. Ho, ho! Sahib, er wird jetzt dünn im Gefängnis beim Teppichknüpfen. Der Havildar sagte: »Macht ihr uns keine Mühe, und wir wollen euch keine Mühe machen. Nach der Ernte schickt uns einen Kerl zum Abliefern fürs Gericht, einen Mann von schwachem Geist, und schafft eine Klage gegen ihn, die wieder zusammenfällt. So werden wir unsere Ehre wahren.« Mit dieser Rede waren die Räuber zufrieden, und wir hatten keine Arbeit auf der Wache und konnten in Frieden Melonen essen und den ganzen Tag auf unseren Pritschen sitzen. Süß wie Zuckerrohr sind die Melonen von Howli.

Nun war da ein Hilfskommissar – ein Unter-Sahib im Distrikt, der hieß Yunkum Sahib. Aha! Er war streng – so streng, wie der Sahib selber ist, der mir gewiß den Schatten seines Schutzes geben wird. Viele Augen hatte Yunkum Sahib und flitzte schnell durch den Distrikt. Die Leute nannten ihn den Tiger von Gokral-Seetarun, denn er erschien unerwartet und schlug zu, und noch vor Sonnenuntergang kam er schon über die Tehsildars, dreißig Meilen weiter. Niemand wußte von dem Kommen und Gehen des Yunkum Sahib. Er hatte kein Zelt, und wenn sein Pferd müde war, dann ritt er auf einem Teufelswagen. Ich weiß nicht, wie er heißt, aber der Sahib saß mitten auf drei silbernen Rädern, die nicht knarrten, und trieb sie mit seinen Beinen und sauste wie ein Roß, das Bohnen gefressen hat – so. Der Schatten einer Krähe auf dem Felde ist nicht lautloser als der Teufelswagen des Yunkum Sahib. Er war hier, er war da, er war weg, und der Bericht war fertig, und es gab Krach. Fragt den Tehsildar von Rohestri, wie der Hühnerdiebstahl herauskam, Sahib.

Es geschah eines Nachts, daß wir in der Wache wie gewöhnlich auf unseren Pritschen schliefen, nachdem wir das Abendbrot gegessen und den Tabak getrunken hatten. Als wir am Morgen erwachten, war, weiß Gott, von unseren sechs Gewehren keins mehr da. Auch das große Polizeibuch, das der Havildar verwahrte, war weg. Als wir das sahen, waren wir voller Angst und dachten uns, daß die Räuber ehrvergessen bei Nacht gekommen seien und uns in Schande gebracht hätten. Dann sagte Ram Baksh, der Havildar: »Seid still! Die Sache ist übel, aber sie kann noch gut ausgehn. Wir wollen den Tatbestand vervollständigen. Bringt ein Zicklein und meinen Säbel. Hört ihr noch nicht, ihr Esel? Ein Hieb fürs Pferd, dem Manne genügt ein Wort.«

Wir von der Wache begriffen rasch, was der Havildar im Sinne hatte, und hatten große Angst, den Dienst zu verlieren; so eilten wir, die Ziege ins Zimmer zu schaffen und aufzupassen, was der Havildar sagte. »Zwanzig Räuber kamen«, sagte der Havildar, und wir nahmen seine Worte und sprachen sie ihm nach, wie es die Sitte ist. »Es gab einen großen Kampf«, sagte der Havildar, »und keiner von uns kam unverwundet davon. Die Fenstergitter wurden zerbrochen. Suruj Bul, besorge das; und, o ihr Männer, macht schnell mit eurer Arbeit, denn ein Läufer muß mit der Nachricht zum Tiger von Gokral-Seetarun.« Darauf lehnte sich Suruj Bul mit seiner Schulter gegen die Gitterstangen der Fenster und zerbrach sie, ich trieb die Stute des Havildar mit einer Peitsche durch die Melonenbeete, bis sie ganz von Hufspuren zertrampelt waren.

Nachdem das fertig war, kehrte ich zur Wache zurück, und die Ziege wurde geschlachtet, und einige Teile der Wand wurden mit Feuer geschwärzt, und jeder Mann tunkte seine Kleider ein bißchen in das Blut der Ziege. Wißt, o Sahib, die Wunde, die ein Mann sich am eigenen Leibe macht, kann von einem Kenner leicht unterschieden werden von einer Wunde, die ein anderer gemacht hat. Deshalb nahm der Havildar seinen Säbel und hieb den einen von uns sachte auf den Unterarm ins Fett, und den anderen ans Bein und einen dritten auf den Rücken der Hand. So machte er es mit uns allen, bis Blut kam; und Suruj Bul, der am eifrigsten war, riß sich viele Haare aus. O Sahib, nie hat es bessere Vorbereitungen gegeben. Ja, ich selbst hätte geschworen, daß es der Wache so gegangen sei, wie wir sagten. Rauch war da und Einbruch und Blut und zertrampelte Erde.

»Reite nun los, Maula Baksh«, sagte der Havildar, »nach dem Hause des Unter-Sahib und bring ihm die Nachricht vom Überfall. Und du auch, o

Afzal Khan, laufe hin und eile dich, daß du triefst von Schweiß und Staub, wenn du hinkommst. Das Blut auf den Kleidern wird trocknen. Ich bleibe hier und schicke sofort einen Bericht an den Ober-Sahib, und wir wollen einige von den Dorfleuten fangen, die ihr kennt, damit alles für die Ankunft des Ober-Sahib bereit ist.«

So ritt also Maula Baksh los, und ich hängte mich an den Steigbügel und rannte mit, und wir kamen in einem üblen Zustand vor den Tiger von Gokral-Seetarun in Rohestri. Unsere Geschichte war lang und ganz genau, Sahib, denn wir nannten sogar die Namen der Räuber und den Ausgang des Kampfes und flehten ihn an, zu kommen. Aber der Tiger rührte sich nicht und lächelte nur, wie die Sahibs lächeln, wenn sie eine Hinterlist im Herzen haben. »Könnt ihr den Bericht beschwören?« sagte er, und wir sagten: »Deine Diener schwören. Das Blut des Kampfes ist kaum getrocknet auf uns. Seht selbst, ob es das Blut von Euer Gnaden Dienern ist oder nicht.« Und er sagte: »Ich sehe, ihr habt eure Sache gut gemacht.« Aber er dachte nicht dran, nach seinem Pferd oder seinem Teufelswagen zu rufen und durch die Gegend zu sausen wie gewöhnlich. Er sagte: »Erholt euch und eßt Brot, denn ihr seid müde. Ich will warten, bis der Ober-Sahib kommt.«

Nun ist befohlen, daß der Havildar, der die Wache hat, einen direkten Bericht von allen Räubereien an den Ober-Sahib schickt. Um Mittag kam er, ein dicker, alter und sehr strenger Mann; aber wir von der Wache hatten keine Angst vor seinem Zorn, wir fürchteten mehr das Schweigen des Tigers von Gokral-Seetarun. Mit ihm kam Ram Baksh, der Havildar, und die anderen und führten zehn Leute aus dem Dorfe Howli vor, lauter übelberüchtigte Kerle vor der Polizei des Sirkars. Sie kamen als Gefangene mit Eisen an den Händen und flehten um Gnade – Imam Baksh, der Bauer, der dem Havildar seine Frau abgeschlagen hatte, und andere bösartige Spitzbuben, die wir Wachtleute nicht ausstehen konnten. Es war gut gemacht, und der Havildar war stolz. Der Ober-Sahib aber war wütend auf den Unter-Sahib wegen seines Mangels an Eifer und sagte »Dam-Dam« nach der Art der Engländer und rühmte den Havildar. Yunkum Sahib lag immer noch in seinem langen Stuhl. »Haben die Leute geschworen?« sagte der Yunkum Sahib. »Jawohl, und zehn Übeltäter gefangen«, sagte der Ober-Sahib. »Und draußen sind noch mehr für Sie. Nehmen Sie Ihr Pferd – reiten Sie und scheren Sie sich im Namen des Sirkars!« »Sicher gibt es draußen noch mehr Übeltäter«, sagte Yunkum Sahib, »aber ein Pferd ist nicht nötig. Kommt alle mit.«

Ich sah die Spur einer Peitsche an der Schläfe des Imam Baksh. Kennen Euer Gnaden die Qual des kalten Strichs? Ich sah auch das Gesicht des Tigers von Gokral-Seetarun, das schlimme Lächeln war drauf, und ich hielt mich zurück für den Fall, daß was passieren könnte. Es war gut, Sahib, daß ich das tat. Yunkum Sahib sperrte die Tür von seinem Badezimmer auf und lächelte aufs neue. Drinnen lagen die sechs Gewehre und das große Polizeibuch der Wache von Howli! Er war bei Nacht auf seinem Teufelswagen gekommen, der lautlos ist wie ein Ghoul, und war zwischen uns herumgegangen, während wir schliefen, und hatte die Gewehre und das Buch weggenommen! Zweimal war er zur Wache gekommen und hatte jedesmal drei Gewehre genommen. Die Leber des Havildar wurde zu Wasser, und er fiel hin und streichelte den Staub um die Stiefel des Yunkum Sahib und schrie: »Habt Erbarmen!«

Und ich? Sahib, ich bin ein Pathan von Delhi und ein junger Mann mit kleinen Kindern. Die Stute des Havildar stand im Hof. Ich lief zu ihr und ritt davon: die schwarze Wut des Sirkar war hinter mir, und ich wußte nicht, wohin. Bis sie tot umfiel, ritt ich die Fuchsstute, und durch den Segen Gottes, der gewiß mit allen gerechten Menschen ist, entkam ich. Der Havildar aber und der Rest sitzen jetzt im Gefängnis.

Ich bin ein Gauner? Wie es Euer Gnaden gefällt. Gott wird aus Euer Gnaden einen Lord machen und ihm eine reiche *Memsahib*, so schön wie eine Peri, zum Weibe geben und viele starke Söhne, wenn er mich zu seinem Diener macht. Die Gnade des Himmels sei über dem Sahib! Ja, ich will nur zum Bazar gehen und meine kleinen Kinder zu diesem palastähnlichen Hause bringen und dann – Euer Gnaden sind mein Vater und meine Mutter, und ich, Afzal Khan, sein Sklave.

Ohe, *Sirdarji!* Nun gehöre ich auch zum Haushalt des Sahib.

»So war also die Sache ganz korrekt«, schloß der Regimentskaplan, »in jeder Weise korrekt. Ich bin sehr zufrieden mit Rutton Singh und Attar Singh. Sie haben die Frucht ihres Lebens geerntet.«

Er verschränkte die Arme und setzte sich auf die Veranda. Die Hitze des Tages war vorüber, und ein angenehmer Geruch von Gekochtem zog durch das Lager des Regiments, in dem die Leute halb bekleidet mit Schüsseln aus Blättern und mit Wasserflaschen hin und her gingen. Der Subadar-Major* saß, aller lästigen Kleider ledig, auf einem Stuhl, wie es seinem Rang entsprach; der Havildar-Major, sein Neffe, lehnte respektvoll an der Wand. Das Regiment lag zu Hause in Ruhe in seinen eigenen Quartieren in seinem heimischen Distrikt, der den Namen des großen mohammedanischen Heiligen Mian Mir trägt, den Jehangir verehrt und Guru Har Gobind, der sechste von den großen Sikh-Gurus, geliebt hat.

»Durchaus korrekt«, wiederholte der Regimentskaplan.

Kein Sikh widerspricht seinem Regimentska-

* Es handelt sich um *eingeborene* Offiziere, ebenso um einen *eingeborenen* Regimentskaplan.

plan, der ihm das Heilige Buch des Grunth Sahib auslegt und das Leben und die Legenden aller Gurus kennt.

Der Subadar-Major nickte mit seinem grauen Kopf. Der Havildar-Major räusperte sich respektvoll, um die Aufmerksamkeit auf sich zu lenken und um Erlaubnis zum Sprechen zu bitten. Obwohl er der Neffe des Subadar-Majors war und obwohl sein Vater doppelt soviel Land besaß wie sein Oheim, kannte er doch seinen Platz im Gefüge der Welt. Der Subadar-Major machte ein Zeichen mit der Hand, die am Gelenk einen eisernen Ring trug.

»Steckte vielleicht irgendeine Frau dahinter?« murmelte der Havildar-Major. »Ich war nicht hier, als die Sache passierte.«

»Ja, ja, ja. Wir wissen alle, daß du in England warst und mit den Sahibs gegessen und getrunken hast. Wir sind alle überrascht, daß du noch Punjabi sprechen kannst.« Der sorgfältig gepflegte Bart des Subadar-Majors sträubte sich.

»Es war keine Frau«, knurrte der Regimentskaplan.

»Es ging um Land. Hör zu! Rutton Singh und Attar Singh waren die älteren von vier Brüdern. Die vier besaßen Land in – wie hieß das Dorf? – ach ja, Pishapur, bei Thori in dem Tehsil Banalu des Staates Patiala, wo die Menschen ein richtiges Betragen noch beurteilen können, wenn sie es sehen. Die beiden jüngeren Brüder bauten das Land, während Rutton Singh und Attar Singh ins Regiment eintraten, entsprechend der Sitte ihres Hauses.«

»Richtig, richtig«, sagte der Havildar-Major. »In allen guten Häusern wird es so gemacht.«

»Nun höre weiter«, fuhr der Regimentskaplan fort. »Die Verwandten mütterlicherseits plagten und bedrückten die beiden jüngeren Brüder, die auf dem Lande im Staat Patiala geblieben waren. Diese mütterlichen Verwandten ließen das Vieh in die Felder der vier Brüder laufen, während die Ernte grünte; sie zerbrachen die Wasserleitungen; sie verdreckten die Brunnen; und sie brachten falsche Klagen gegen alle vier Brüder vor Gericht. Sie verschonten nicht einmal die Baumwollsaat, wie man sagt.

Die Verwandten der Mutter hofften, daß die jungen Leute durch den Druck der Plagen und wiederum Plagen und endlosen Plagen gezwungen werden würden, ihr Land im Dorf Pishapur, im Tehsil Banalu des Staates Patiala zu verlassen. Wenn die jungen Leute davongingen, würde das Ganze den Verwandten ihrer Mutter zufallen. Ich bin nicht der Schulmeister des Regiments, aber ist das klar, junger Mann?«

»Das ist klar«, sagte der Havildar-Major finster. »Pishapur ist nicht der einzige Ort, wo der Zaun das Feld versetzt, statt es zu schützen. Aber vielleicht war da eine Frau unter den Verwandten ihrer Mutter?«

»Weiß Gott!« sagte der Regimentskaplan, »Frau oder Mann oder Gericht – die jungen Leute wollten sich *nicht* von dem Lande jagen lassen, das ihnen durch Erbschaft gehörte. Sie wandten sich an Rutton Singh und Attar Singh, ihre Brüder, die bei uns im Regiment dienten und daher die Welt kannten, um Hilfe in ihrem langen Krieg gegen ihre mütterlichen Verwandten in Pishapur. Deswegen, weil ihnen ihr Eigentum und die Ehre ihres Hauses am Herzen lag, mußten Rutton Singh und Attar Singh sehr oft um Urlaub bitten, um nach Patiala zu gehen und bei den Prozessen und Viehteilungen dabeizusein.

Es war nicht so, verstehst du, als kämen sie in ihr Heimatdorf und säßen mit Jasmin bekränzt in allen Ehren auf Stühlen vor den Ältesten unter den Bäumen. Sie kamen immer zu endlosen Scherereien nach Hause, Prozessen oder Diebstählen, oder vertauschtem Vieh; und sie saßen auf Dornen.«

»Das wußte ich wohl«, sagte der Subadar-Major. »Sie hatten beide ein bitteres Leben. Aber sie hielten sich ordentlich. Es war nicht schwer, ihnen den Urlaub vom Oberst-Sahib zu erwirken.«

»Sie haben auch mit mir gesprochen«, sagte der Kaplan. »›Wer Verlangen trägt nach den vier großen Gaben, der soll sich an die Worte der heiligen Männer halten.‹ So steht geschrieben. Sie zeigten mir oft die Papiere mit den falschen Klagen, die man gegen sie aufbrachte. Oft weinten sie über die Verfolgung, die sie von den Verwandten ihrer Mutter erlitten. Die Leute glaubten, es sei Opium, wovon ihre Augen rot waren.«

»Sie haben auch in meiner Gegenwart geweint«, sagte der Subadar-Major. »Tüchtige Leute, beide mit neun Dienstjahren. Rutton Singh war auch Drill-*Naik**.«

»Sie machten alles korrekt, wie ein Sikh es machen muß«, sagte der Regimentskaplan. »Als die Verfolgung sieben Jahre gedauert hatte, nahm Attar Singh wieder Urlaub nach Pishapur (es war erst das viertemal in dem Jahr) und rief seine Verfolger vor den Ältesten des Dorfes zusammen und warf ihnen seinen Turban vor die Füße und beschwor sie beim Blut seiner Mutter, von ihren Verfolgungen abzusehen. Er sagte ihnen, er sei an der Grenze seiner Geduld angelangt, und es gebe nur noch eine Art, die Sache zu Ende zu bringen.

Sie beschimpften ihn. Sie spotteten über ihn und seine Tränen, und das war, als hätten sie über das Regiment gespottet. Da kehrte Attar Singh zum Regiment zurück und brachte diesen letzten Schimpf vor Rutton Singh, den ältesten Bruder. Aber Rutton Singh konnte nicht sofort Urlaub bekommen.«

* Rekrutenunteroffizier.

»Weil er Drill-*Naik* war und die Rekruten gedrillt werden mußten. Ich erklärte ihm das selbst«, sagte der Subadar-Major. »Er wußte, was sich gehört. Er sagte, er könne warten.«

»Als aber die Erlaubnis erteilt wurde, nahmen diese beiden vier Tage Urlaub«, fuhr der Kaplan fort.

»Ich finde, daß Attar Singh Baynes Sahibs Revolver nicht hätte nehmen dürfen. Er war Bursche bei Baynes Sahib, und alle Sachen des Sahib waren ihm zugänglich. Deshalb war es, meiner Ansicht nach, eine Schande für Attar Singh«, sagte der Subadar-Major.

»Davon ist die Rede gewesen. Waffen waren nötig, und wie hätten Soldaten ihre Armeegewehre gegen gewöhnliche Bauern gebrauchen können?« erwiderte der Regimentskaplan. »Außerdem wurde der Revolver zurückgeschickt, zugleich mit einer Geldanweisung für die verbrauchten Patronen. ›Leihe nicht; aber wenn du leihst, so zahle bald zurück!‹ So steht geschrieben in den Liedern. Rutton Singh nahm ein Schwert, und er und Attar Singh gingen nach Pishapur, und nachdem sie sie benachrichtigt hatten, fielen die vier Brüder über ihre Verfolger im Dorf Pishapur her, erschlugen siebzehn und verwundeten zehn. Ein Revolver ist besser als ein Prozeß. Ich sage, diese vier Brüder, die zwei von uns und die zwei anderen, die nur Bauern waren, erschlugen und verwundeten siebenundzwanzig Leute – alle Verwandten ihrer Mutter, Männer und Frauen.

Dann stiegen die vier auf das Dach ihres Hauses, und Attar Singh, der immer einer von den Heftigsten war, sagte: ›Meine Arbeit ist getan‹ und machte *Shinnan** vor den Augen aller Leute und gab Rutton Singh Baynes Sahibs Revolver, und Rutton Singh schoß ihn in den Kopf.

So verließ Attar Singh seinen Körper, wie ein Insekt einen Grashalm verläßt. Rutton Singh aber, der noch etwas zu tun hatte, stieg vom Hause herunter und suchte einen Feind, den er vergessen hatte – einen Mann von Patiala aus diesem Regiment, der den Verfolgern geholfen hatte. Als Rutton Singh den Mann gefunden hatte, traf er ihn zweimal mit Kugeln und einmal mit dem Schwert.«

»Aber der Mann kam davon und liegt jetzt hier im Hospital«, sagte der Subadar-Major. »Der Arzt sagt, er wird trotz allem am Leben bleiben.«

»Das ist nicht Rutton Singhs Schuld. Rutton Singh ließ ihn für tot liegen. Dann kehrte Rutton Singh aufs Haus zurück, und die drei Brüder – Attar Singh war tot – forderten durch einen jungen Burschen die Polizeistation auf, Truppen gegen sie zu senden, damit sie ehrenvoll sterben könnten. Aber es kamen keine. Und doch ist der Staat Patia-

* Reinigung.

la nicht unter englischem Gesetz, und die Leute sollten wissen, was Heldentum ist, wenn sie es vor sich sehen!

So machte also Rutton Singh auch *Shinnan*, und der jüngste von den Brüdern schoß ihn auch in den Kopf, und er verließ seinen Körper.

So geschah alles korrekt. Ohne Hitze, ohne Hast, ohne Schimpfen von Anfang bis zu Ende. Kein Mann oder Weib von den Verwandten ihrer Mutter, die sie geplagt hatten, war am Leben geblieben. Von den anderen Bewohnern von Pishapur, die sich an der Verfolgung nicht beteiligt hatten, war keiner erschlagen. Die Dorfleute schickten ihnen sogar Essen aufs Haus während der drei Tage, als sie auf die Polizei warteten, die keine Truppen gegen sie schicken wollte.

Hör nun weiter! Ich weiß, daß Attar Singh und Rutton Singh keine Zeremonie der Reinigung außer acht gelassen haben, und als alles fertig war, wurde Baynes Sahibs Revolver vom Hausdach heruntergeworfen und zugleich drei Rupien und zwölf Anna; und es wurde angeordnet, beides mit der Post zurückzuschicken.«

»Und was geschah mit den zwei jüngeren Brüdern, die nicht im Dienst standen?« fragte der Havildar-Major.

»Zweifellos sind sie auch tot, aber da sie nicht im Regiment waren, geht ihre Ehre nur sie allein etwas an. Soweit wir beteiligt sind, siehst du, wie korrekt wir aus der Sache herauskamen! Ich meine, der König sollte das erfahren; denn wo gibt es wohl eine solche Geschichte außer bei uns Sikhs? ›*Sri wah guru ji ki khalsa! Sri wah guru ji ki futteh!*‹«, sagte der Regimentskaplan.

»Waren drei Rupien und zwölf Anna genug für die verbrauchten Patronen?« fragte der Havildar-Major.

»Attar Singh kannte den Preis genau. Er hatte alle Waffen Baynes Sahibs unter sich. Sie hatten eine Dose mit fünfzig Schuß verbraucht, außer zweien, die wieder zurückgeschickt wurden. Ich sagte und wiederhole – das Ganze wurde nicht in der Hitze und mit Fluchen ausgeführt, wie ein Muselmann es gemacht hätte; auch nicht mit Geschrei und Gehopse, wie ein Götzenanbeter es gemacht hätte; sondern gemäß dem Ritus und der Lehre der Sikhs. Hör zu! ›Wenn auch hundert Spielzeuge einem Kinde geboten werden, so kann es doch nicht leben ohne Milch. Wenn ein Mann getrennt ist von seiner Seele und dem Verlangen seiner Seele, so bleibt er nicht auf der Straße stehen, um zu spielen, sondern beschleunigt seine Wanderung.‹ So steht geschrieben. Ich habe Freude an meinen Schülern.«

»Richtig! Richtig! Korrekt! Korrekt!« sagte der Subadar-Major. Es entstand ein langes Schweigen. Man hörte irgendwoher ein knarrendes Wasserrad und näher das Geräusch einer Handmühle, in der Korn gemahlen wurde.

»Aber der da« – der Kaplan wies mit dem Kinn verächtlich auf den Havildar-Major – »der ist so lange in England gewesen, daß –«

»Lassen Sie den Jungen in Frieden«, sagte der Oheim. »Er war nur zwei Monate dort und ist mit gutem Grunde dazu gewählt worden.«

Theoretisch sind alle Sikhs gleich. Praktisch gibt es Unterschiede, und das weiß keiner besser als adlige Landeigentümer oder ahnenreiche Kapläne aus Amritsar.

»Hast du in England etwas gehört, was sich mit meiner Geschichte messen kann?« höhnte der Kaplan.

»Ich habe mehr gesehen, als ich verstehen konnte, und darum habe ich meine Geschichten in meinem Munde verschlossen«, sagte der Havildar-Major bescheiden.

»Geschichten? Was für Geschichten? Ich kenne alle Geschichten über England«, sagte der Kaplan. »Ich weiß, daß Terains* unter ihren Bazaren laufen und daß ihre Straßen von *Mota-Kahars*** stinken; erst heute morgen wurde ich beinah vom *Mota-Kahar* des Duggan Sahib getötet. Dieser junge Mann ist wie ein Teufel.«

»Ich glaube, Gruuthi-jee«, sagte der Subadar-Major. »Sie und ich sind schon zu alt für den *Ka-*

* trains, Eisenbahnen.

** motor-cars, Autos.

har-ki-nautch[*], den Lastträgertanz.« Er nannte einen der saftigsten Nautche aus der alten Zeit und lächelte über seinen eigenen Witz. Dann wandte er sich an seinen Neffen. »Als ich ein junger Mann war und in mein Dorf auf Urlaub kam, wartete ich eine passende Zeit ab, und wenn dann die Ältesten es erlaubten, erzählte ich von dem, was ich anderswo gesehen hatte.«

»Jawohl, mein Vater«, sagte der Havildar-Major leise und herzlich. Er setzte sich hin, achtungsvoll, wie es einem jungen Manne von nur dreißig geziemt, der kaum ein halbes Dutzend Feldzüge hinter sich hat.

»Es handelte sich bei dieser Sache auch um vier Männer«, begann er, »und sie betraf die Ehre nicht nur eines Regiments oder zweier, sondern der ganzen Armee von Indien. Einen Teil habe ich gesehen; einen Teil gehört; aber die *ganze* Geschichte ist wahr. Meines Vaters Bruder und mein Priester wissen, daß ich in Geschäften mit meinem Obersten in England war, als der König[**] – der Sohn der großen Königin – sein Leben beschloß.

Zuerst kam ein Gerücht auf, daß ihn eine Krankheit befallen habe. Dann erfuhren wir, daß er im Palast krank lag. Eine sehr große Menge

[*] Wortspiel mit *Kahar* (car, Auto).

[**] Eduard VII.

stand um den Palast bei Tage und bei Nacht, bei Regen und Sonne und wartete auf Nachrichten.

Dann kam einer heraus mit einem beschriebenen Papier und heftete es an einen Torflügel – es war die Nachricht vom Tode des Königs –, und sie lasen es und stöhnten. Das sah ich mit eigenen Augen, denn die Kanzlei, in die mein Oberst täglich ging, um mit dem Obersten Forsyth Sahib zu sprechen, lag am Ostende der sehr großen Gärten, in denen der Palast steht. Das sind größere Gärten als Shalimar hier« – er deutete mit dem Kinn das Lager entlang – »oder als Shahdera jenseits des Flusses.

Am folgenden Tage war eine Finsternis in den Straßen, weil das ganze Volk der Stadt schwarze Kleider anhatte, und sie sprachen, wie ein Mensch spricht in der Gegenwart seines Toten – alle diese Massen. In den Augen, in den Mienen, in den Herzen war es schwarz. Ich sah das. Aber das ist nicht meine Geschichte.

Als die Gebräuche verrichtet waren und an die Könige der Erde Nachricht ergangen war, daß sie kommen sollten, um zu trauern, gab der neue König – der Sohn des toten Königs – den Befehl, daß der Leib seines Vaters eingesargt in einen bestimmten Tempel gelegt werden solle, der nahe beim Flusse ist. Es sind keine Götterbilder in diesem Tempel; auch kein Schnitzwerk, keine Malerei, keine Vergoldungen. Nur grauer Stein, von einer Farbe, als wäre er aus dem lebendigen Felsen gehauen. Er ist größer als – ja, als der Durbar Sahib in Amritsar, auch wenn man den Akal Bunga und den Baba-Atal dazutut. Wie alt er sein mag, weiß Gott. Er ist der heiligste Tempel der Sahibs.

An diesem Ort machte man, auf Befehl des neuen Königs, so etwas wie einen Schrein für einen Heiligen, mit brennenden Kerzen am Kopf und an den Füßen des Toten und bestellte Wachen für jede Stunde des Tages und der Nacht, bis der tote König an den Ort seiner Väter gebracht wurde, der in Wanidza* ist.

Als alles geordnet war, sagte der neue König: ›Laßt alles Volk eintreten‹, und die Tore wurden geöffnet, und o mein Oheim! O mein Lehrer! die ganze Welt kam herein und schritt durch den Tempel, um von dem Toten Abschied zu nehmen. Da gab es keinen Vorzug, keinen Wert oder Rang der Gäste, nur den Befehl, daß sie zu je vieren gehen sollten.

Wie sie sich in den Straßen draußen – sehr, sehr weit weg – zusammenfanden, so betraten sie den Tempel immer zu vieren: das Kind und der Greis; Mutter, Jungfrau, Hure, Händler, Priester; von allen Farben und Bekenntnissen und Sitten unter

* Windsor.

dem Firmamente Gottes, vom Morgengrauen bis spät in die Nacht. Ich habe das gesehen. Mein Oberst gab mir Urlaub dazu. Ich stand in der Reihe, viele Stunden, eine Meile, zwei Meilen vom Tempel entfernt.«

»Warum setzte sich da die Menge nicht unter die Bäume?« fragte der Priester.

»Weil wir immer noch zwischen den Häusern waren. Die Stadt ist viele Meilen weit«, fuhr der Havildar-Major fort. »Ich gesellte mich diesem langsam strömenden Fluß, und so – so – Schritt für Schritt – machte ich die Pilgerfahrt. In meiner Reihe war eine Frau, ein Krüppel und ein Träger von den Schiffen.

Als wir in den Tempel traten, war der Sarg selbst wie ein Riff in dem Flusse Ravee, der den Strom in zwei Arme teilte, einer zu jeder Seite des Toten; und die Wächter beim Toten, die Soldaten waren, standen um ihn und regten sich nicht mehr als die stillen Flammen der Kerzen. Ihre Köpfe waren geneigt; ihre Hände gefaltet; ihre Augen auf den Boden geheftet – so. Es waren keine Männer, sondern Bilder, und die Menge ging an ihnen vorüber, immer vier und vier, bei Tage und – außer einer kurzen Weile – auch bei Nacht.

Nein, es war kein Befehl, daß das Volk kommen sollte, um Ehre zu erweisen. Es war ein freiwilliges Pilgern. Acht Könige hatten Befehl bekommen, zu kommen – und gehorchten –, aber seinen eigenen

Sahibs hatte der neue König nichts befohlen. Sie kamen von selbst.

Ich bin zweimal gepilgert: einmal um des Salzes willen* und dann noch einmal aus Staunen, Schrekken und Ehrfurcht. Aber eines von den hunderttausend Dingen, die geschahen, kann mein Mund nicht schildern. Es waren Tausende und Tausende, Millionen und Millionen von Menschen. Ich habe sie gesehen.«

»Mehr als bei unseren Pilgerfahrten?« fragte der Regimentskaplan.

»Ja. Hier sind es nur Städte und Bezirke, die sich aufmachen, um zu beten. Da war es die Welt, die trauernd kam. Und nun hört zu! Es ist der Brauch des Königs, daß vier Schwerter unserer Armeen in Indien stets vor der Majestät stehen müssen für den Fall der Not.«

»Des Königs Brauch, unser Recht«, sagte der Subadar-Major kurz.

»Auch unser Recht. Diese Auserwählten wechseln nach einer gewissen Zahl von Monaten oder Jahren, damit die Ehre sich gerecht verteilt. Nun waren gerade damals, als der alte König – der Sohn der Königin – seine Tage beschloß, die vier, die vor der Majestät standen, Gurkhas. Keine Sikhs leider, auch keine Pathans, Radschputs oder Jats. Gurkhas, mein Vater.«

* D. h. aus Treue.

»Götzenanbeter«, sagte der Kaplan.

»Aber Soldaten; denn ich erinnere mich, in der Tirah –«, begann der Havildar-Major.

»*Aber* Soldaten, denn ich erinnere mich an fünfzehn Feldzüge. Weiter«, sagte der Subadar-Major.

»Und es war ihre Ehre und ihr Recht, einen von denen zu stellen, die Tag und Nacht vor der Majestät stehen mußten, bis Er hinauskam zum Begräbnis. Es waren ihrer im ganzen nur vier – vier alte Männer, die diese Wache stellten.«

»Alt? Alt? Was soll das heißen: alte Männer?« sagte der Subadar-Major.

»Nein. Ich habe mich versehen. Verzeihung!« Der Havildar-Major streckte abbittend eine Hand aus. »Es waren starke, glühende, tapfere Männer, und der jüngste war ein Bursche von fünfundvierzig.«

»Das ist besser«, lachte der Subadar-Major.

»Aber trotz ihrer Kraft und Glut konnten sie doch keine fremde Nahrung essen aus den Händen der Sahibs. Es gab keine Kochstelle im Tempel; aber ein gewisser Oberst Forsyth Sahib, der Bescheid wußte, richtete es so ein, daß sie wenigstens etwas kastenrein gedörrtes Korn bekommen konnten; auch wohl etwas kalten Reis und Wasser, das rein war. Doch war es bestenfalls nur ein Bissen für ein Huhn, was so jeder in der Hast verzehrte, wenn er von seiner Wache kam. Sie lebten von

Körnern und waren dankbar, wie man zu sagen pflegt.

Eine von vier Stunden fiel jedem Manne zu, denn wie ich schon sagte, es waren ihrer im ganzen nur vier; und die Ehre unsrer Armeen in Indien lag auf ihrem Haupt. Die Sahibs konnten über alle Armeen in England verfügen, um die anderen Wächter zu bestellen – Tausende frischer Männer –, wenn sie wollten; aber diese vier waren nur vier.

Die Sahibs stellten die anderen Wächter aus den Grenadieren. Grenadiere sind sehr hohe Männer mit sehr hohen Bärenfellen auf dem Kopf, solchen, wie die Füsilierregimenter sie bei kaltem Wetter tragen. Wenn also ein Grenadier seinen Kopf nur ganz wenig über seinem Kragen beugte, senkte sich das Bärenfell und machte den Eindruck, als trauerte er ganz tief. Nun tragen die Gurkhas ihre grünen Mützen –«

»Ich verstehe, ich verstehe«, sagte der Subadar-Major ungeduldig.

»Sie sind zudem stiernackig; und ihre Kragen sind hart, und wenn sie sich tief neigen, ganz tief, um den Grenadieren gleichzukommen – dann erdrosseln sie sich beinahe. Das war eine Erschwerung für sie, als es zur Ausführung des Rituals kam.

Aber trotz ihrer hohen Bärenfelle, die die Trauer ausdrückten, konnten die Grenadiere keine volle Stunde die Wache vor der Majestät ertragen. Es gab einen Grund, den ich noch zeigen werde, warum kein Mann diese schreckliche Stunde ertragen konnte. So wurde für sie die Stunde der Wache halbiert. Was machte das den Sahibs? Sie konnten über zehntausend Grenadiere verfügen. Forsyth Sahib, der Verständnis hatte, gab auch den vieren diese Wahl, und sie sagten: ›Nein, auf uns liegt die Ehre der Armeen von Indien. Was auch die Sahibs tun, wir wollen die ganze Stunde erdulden.‹

Forsyth Sahib, der sah, daß sie – der wußte, daß sie nicht lange schlafen und nicht viel essen konnten, sagte: ›Ist es eine große Anstrengung?‹ Sie sagten: ›Es ist eine große Ehre. Wir wollen aushalten.‹

Forsyth Sahib, der uns liebt, sagte drauf zu dem Ältesten: ›Hör, Vater, sag mir die Wahrheit: Was für eine Art Anstrengung ist es? Denn die ganze Stunde zu wachen zermürbt unsere Leute wie Wasser.‹

Der Älteste antwortete: ›Sahib, die Anstrengung sind die Beine der Menge, die auf beiden Seiten an uns vorübergehen. Unsere Augen starren unbewegt nach unten, wir sehen diese Beine nur vom Knie abwärts – einen Strom von Füßen, Sahib, der niemals – niemals – niemals stillsteht. Es ist nicht das unbewegte Stehen; es ist nicht der Hunger; es ist auch nicht die leere Stille vor dem Morgen, wo vielleicht nur ein einzelner kommt, um hier zu weinen. Die Anstrengung ist die unerträgliche Bewegung der Beine vom Knie abwärts, die niemals – niemals – niemals stillsteht.‹

Forsyth Sahib sagte: ›Bei Gott, daran habe ich nicht gedacht! Jetzt weiß ich, warum unsere Leute zitternd und zwinkernd von dieser Wache kommen. Aber, mein Vater, löse wenigstens den Kragen ein wenig unter dem gebückten Kinn für diese eine Stunde.‹

Der Älteste sagte: ›Wir stehen vor der Majestät. Und außerdem kannte Er jeden Knopf und Knoten und Haken an jeder Uniform in allen seinen Armeen.‹

Da sagte Forsyth Sahib nichts mehr, sprach nur noch über ihr gedörrtes Korn; aber sie konnten gar nicht viel essen nach ihrer Stunde, konnten auch nicht viel schlafen wegen der zwinkernden Augen und der Bewegung der Beine, die sich vor ihren Augen wiederholte. Dennoch hielt jeder seine volle Stunde aus – nicht eine halbe Stunde – seine eine volle Stunde von je vier Stunden.«

»Korrekt! Korrekt!« sagten der Subadar-Major und der Kaplan gleichzeitig. »Da kann uns nichts nachgesagt werden.«

»Aber angesichts dessen, daß es alte Männer waren«, sagte der Subadar-Major nachdenklich, »sehr alte Männer, die erschöpft waren durch Mangel an Nahrung und Schlaf, konnte da nicht eine Vereinbarung getroffen, oder Einfluß geltend gemacht, oder eine Bittschrift eingereicht werden, so daß ein adliger Sikh ihnen einen Teil ihrer großen Mühe hätte abnehmen können, selbst wenn sein Dienstrang –«

»Dann würden sie mich ganz gewiß erschlagen haben«, sagte der Havildar-Major mit einem Lächeln.

»Und sie würden korrekt gehandelt haben«, sagte der Kaplan. »Was geschah mit den ehrenwerten Männern weiter?«

»Folgendes. Die Könige der Erde und alle Armeen schickten Blumen und dergleichen zum Palast des toten Königs in Wanidza, wo die Spenden zum Begräbnis empfangen wurden. Es war kein Befehl ergangen, sondern die ganze Welt brachte Geschenke. So berieten sich die vier – immer drei zur Zeit – und baten entweder Forsyth Sahib, die Blumen auszuwählen, oder gingen selbst aus und kauften Blumen – das weiß ich nicht; aber jedenfalls wurden irgendwie die Blumen gekauft und in der Form eines trommelartigen Ringes zurechtgemacht, der einen halben Maund schwer war.

Forsyth Sahib hatte gesagt: ›Laßt die Blumen nach Wanidza bringen mit den anderen Blumen, die die ganze Welt schickt.‹ Aber sie sagten sich: ›Es ziemt sich nicht, daß diese Blumen, die von Seinen Armeen in Indien dargebracht werden, zum Palast der Majestät kommen in den Händen von Mietlingen oder Boten, oder von Leuten, die nicht in seinem Dienst stehen.‹

Als Forsyth Sahib das hörte, sagte er, obwohl er sehr beschäftigt war: ›Gebt mir die Blumen, und ich will mir die Zeit stehlen und sie selbst nach Wanidza bringen.‹

Der Älteste sagte: ›Seit wann hat Forsyth Sahib das Schwert getragen?‹

Forsyth Sahib sagte: ›Schon immer. Und ich trage es vor der Majestät, wenn ich Uniform anlege. Ich bin Oberst in der Armee von Indien.‹ Der Älteste sagte: ›In welchem Regiment?‹ Und Forsyth Sahib sah zu Boden und zerrte an seinem Schnurrbart. Er merkte die Falle.«

»Forsyth Sahibs Regiment war früher das Sechsundvierzigste Pathanregiment, das sogenannte –« Der Subadar-Major nannte den fast vergessenen Namen und fügte hinzu, daß er es in dem und dem Feldzuge getroffen habe, als Forsyth Sahib ein junger Hauptmann war.

Der Havildar-Major nahm seine Geschichte wieder auf und sagte: »Das wußte der Älteste auch, mein Vater. Er lachte, und da lachte Forsyth Sahib auch.

›Es ist wahr‹, sagte Forsyth Sahib. ›Ich habe kein Regiment. Ich bin seit zwanzig Jahren ein Schreiber und führe die dicke Feder. Drum bin ich um so geeigneter, eure Ordonnanz und Bote bei diesem Geschäft zu sein.‹

Der Älteste sagte darauf: ›Wenn es sich um mein Leben oder um die Ehre von irgendeinem meines Hauses handelte, dann ginge das sehr leicht.‹

Und Forsyth Sahib schlug die Hände zusammen und sagte halb lachend, obgleich er nah dran war, zu weinen: ›Genug! Ich bitte um Verzeihung. Welcher von euch geht mit der Spende?‹

Der Älteste, der tat, als habe er nicht gehört, sagte: ›Sie dürfen auch nicht von einem einzigen Schwert dargebracht werden – als seien wir knapp an Leuten in Seinem Dienst‹, und sie salutierten und gingen hinaus.«

»Hast du dieses gesehen, oder hat man es dir erzählt?« fragte der Subadar-Major.

»Ich sah und hörte es in der Kanzlei, die voll von Büchern und Papieren war und in der mein Oberst Sahib mit Forsyth Sahib das Geschäft besprach, das meinen Oberst Sahib nach England geführt hatte.«

»Und was war das für ein Geschäft?« fragte der Regimentskaplan plötzlich, indem er den Havildar-Major voll ansah; der erwiderte den Blick, ohne zu zucken.

»Das wurde mir nicht mitgeteilt«, sagte der Havildar-Major.

»Ich hörte, es sei etwas gewesen, was die Zuverlässigkeit gewisser Regimenter betraf«, drängte der Kaplan.

»Die Sache blieb meinen Ohren durchaus verschlossen«, sagte der Havildar-Major.

»Hm!« Der Kaplan zog seine harten schwieligen Füße unter sein Gewand. »Laß uns die Geschichte hören, die dir zu erzählen erlaubt ist«, sagte er, und der Havildar-Major fuhr fort:

»Als die drei in den Tempel zurückgekehrt waren, riefen sie den vierten, der nur fünfundvierzig Jahre alt war, wie er gerade von seiner Wache abtrat, und sagten: ›Wir gehen zum Palast nach Wanidza mit der Spende. Bleibe du vor der Majestät und übernimm alle unsere Wachen, eine nach der anderen, bis wir zurückkommen.‹

Während der nächsten Stunde mieteten sie ein großes starkes *Mota-Kahar* für die Reise vom Tempel nach Wanidza, die zwanzig Meilen oder länger ist, und versprachen, sich zu beeilen. Aber er, der ihre Wachen übernahm, sagte: ›Es ziemt sich nicht, daß wir irgendwie den Eindruck der Hast machen. Es sind fünfzehn Medaillen mit elf Schnallen und drei Orden zu berücksichtigen. Geht in aller Ruhe. Ich kann aushalten.‹

So waren die drei mit der Spende dreiundeinhalb Stunden fort und kehrten zurück, nachdem sie die Spende in Wanidza in der korrekten Form abgeliefert hatten; sie fanden den jungen Mann auf seinem Posten und unterbrachen die Wache nicht, bis seine volle Stunde vorüber war. So hielt er vier Stunden vor der Majestät aus, ohne ein Haar zu bewegen, den Blick zu Boden gesenkt, während der Strom von Beinen vom Knie abwärts ohne Unterlaß vor seinen Augen vorüberzog. Als er abgelöst wurde, sah man seine Augäpfel fliegen wie Weberschiffchen.

So wurde das vollbracht – nicht in der Hitze des Blutes, nicht in einem Augenblick, nicht mit Hilfe von Mordgeruch und anspornendem Geschrei, sondern in der Stille, in einer sehr langen Zeit, angewurzelt an einem Platz vor der Majestät, zwischen den schrecklichen Beinen der Menge.«

»Korrekt!« schmunzelte der Kaplan.

»Aber die Gurkhas hatten die Ehre«, sagte der Subadar-Major betrübt.

»Sie hatten die Ehre Seiner Armeen in Indien, und das war unsere Ehre«, erwiderte der Neffe.

»Doch wünschte ich, es wäre ein Sikh dabeigewesen – wenn auch ein Sikh aus niederer Kaste. Und weiter?«

»Sie ertrugen die Anstrengung bis zu Ende – bis Er aus dem Tempel fortkam, um zu den älteren Königen in Wanidza niedergelegt zu werden. Als alles verrichtet und Er unter die Erde versunken war, sagte Forsyth Sahib zu den vieren: ›Der König befiehlt, daß ihr hier Fleisch zu essen bekommt, das von euren eigenen Köchen gekocht ist. Eßt und erholt euch, meine Väter.‹

So lösten sie ihre Gürtel und aßen. Sie hatten außer kleinen Bissen eine lange Zeit nichts gegessen; und als das Fleisch ihnen Kraft gegeben hatte, schliefen sie sehr viele Stunden; und man sagte mir, daß die unerträglichen Beine nicht mehr vor ihren Augen vorüberzogen.«

Er streckte eine Hand aus, mit der Fläche nach oben, zum Zeichen, daß die Geschichte zu Ende sei.

»Wir sind gut und sauber aus der Sache herausgekommen«, sagte der Subadar-Major.

»Korrekt! Korrekt! Korrekt!« sagte der Regimentskaplan. »In einer schlimmen Zeit ist es gut, so etwas zu hören, und es ist sicher kein Zweifel, daß dies eine sehr schlimme Zeit ist.«

*„Rudyard Kipling, Künstler, Könner
und wahrhaftiger Dichter, ist einer der Seltenen,
zu denen man immer wieder zurückkehrt,
der letzte unter den großen
Fabulierern und Welterfindern..."*
Stefan Zweig

Rudyard Kipling

Geschichten aus Indien

Drei Bände in Kassette: Geschichten aus Simla, Kleine Geschichte aus den Bergen, Die schönste Geschichte der Welt. Aus dem Englischen von E. A. Reinhardt, Wilhelm Lehmann und Hans Reisiger.
Zusammen rund 700 Seiten. Kartoniert

Gesammelte Werke

Einführung von Carl Zuckmayer. Übertragungen von Ernst Hardt, Norbert Jacques, Wilhelm Lehmann, Gustav Meyrink, Dagobert von Mikusch, Hans Reisiger, E. A. Rheinhardt, Hans Rothe, Rudolf von Scholtz.
Insgesamt 3127 Seiten. Leinen.

Inhalt

Kim. Das Dschungelbuch. Das neue Dschungelbuch.
Dunkles Indien.
Kleine Geschichten aus den Bergen. Geschichten aus Simla.
Die schönste Geschichte der Welt. In Schwarz und Weiß.
Drei Soldaten. Bilanz.
Fischerjungs. Puck vom Buchsberg. Staaks und Genossen.
Das kommt davon. Wie spricht der Hund. Das Licht erlosch.
Balladen aus dem Biwak.

Die Dschungelbücher

„Das Dschungelbuch" und „Das neue Dschungelbuch" in einer prachtvoll illustrierten Ausgabe von Pavel Major.
Leinen. (Südwest Verlag)

Paul List Verlag

Freude für jung und alt dtv großdruck

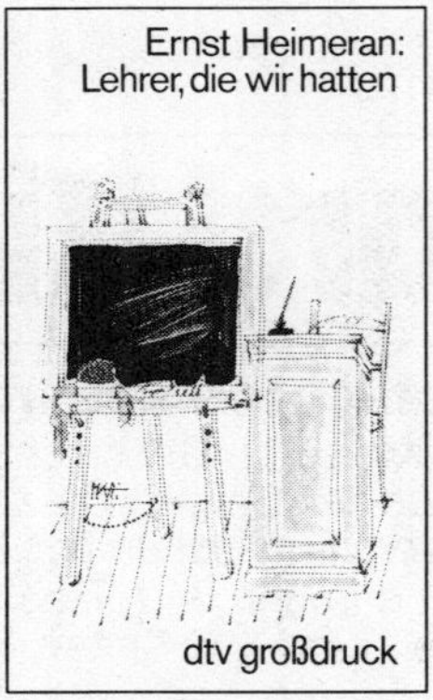

Rudolf Hagelstange:
Venus im Mars
dtv 2534
Venezianisches Credo
dtv 2543
Der sächsische Großvater
dtv 2553

Heinz Heck:
Elefant und Regenwurm
dtv 2521

Ernst Heimeran:
Christiane und Till
dtv 2502
Lehrer, die wir hatten
dtv 2535

Hans Leip:
Die Hafenorgel
dtv 2549
Begegnung zur Nacht
dtv 2552

Hermann Löns:
Murrjahn
Tiergeschichten
dtv 2544
Moorfrühling
Geschichten
dtv 2555

Konrad Lorenz:
Er redete mit dem Vieh, den Vögeln und den Fischen
dtv 2508

Eduard Mörike:
Das Stuttgarter Hutzelmännlein
dtv 2513

Eugen Roth:
So ist das Leben
Verse und Prosa
dtv 2529
Der Weg übers Gebirg
dtv 2545
Das Schweizerhäusl und andere Erzählungen
dtv 2550

Ludwig Thoma:
Lausbubengeschichten
dtv 2509
Der heilige Hies
dtv 2516
Tante Frieda
dtv 2532
Der Münchner im Himmel
dtv 2556

Siegfried von Vegesack:
Spitzpudeldachs
dtv 2538